영어 교과서 단숨에 따라잡는
초등 필수 영어 무작정 따라하기

초등 영어의 핵심을
빠르게 완성해요!

영어 교과서
핵심을 쏙쏙!

초등 영어 교과서 5종을 분석하여 핵심 내용을 각 영역별로 쪼개 체계적인 커리큘럼으로 만들었습니다.

한 권으로
단기 완성!

교과서 필수 내용을 단 한 권으로 압축하여 4년간의 학습을 1~2개월 단기간 집중 마스터할 수 있습니다.

영어 실력이
향상되는
맞춤 학습법!

영어 교육 전문 집필진과 공부 효과를 높이는 학습 설계로 가정에서도 아이들 스스로 학습이 가능합니다.

초등 영어 교과서 3종과 이 책의 연계표

이 책의 의사소통 기능	천재교육(함)	대교	YBM
01. 자기 소개하기	3학년 1과	3학년 1과	3학년 1과
02. 다른 사람 소개하기	3학년 12과	4학년 2과	4학년 1과
03. 출신지 묻고 답하기	5학년 1과	6학년 1과	5학년 1과
04. 안부 묻고 답하기		4학년 1과	4학년 1과
05. 날씨 묻고 답하기	3학년 13과	3학년 12과	
06. 시각 묻고 답하기	4학년 7과	3학년 9과	4학년 5과
07. 요일 묻고 답하기			4학년 9과
08. 날짜 묻고 답하기	6학년 4과	6학년 3과	
09. 감정·상태 표현하기	4학년 3과	3학년 6과	
10. 축하하고 감사 표하기	3학년 4과		3학년 8과
11. 좋아하는 것 묻고 답하기	3학년 8과		3학년 4과
12. 음식 권하고 답하기	5학년 6과	5학년 3과	
13. 색깔 묻고 답하기	3학년 10과	3학년 8과	
14. 물건의 위치 묻고 답하기	4학년 5과		3학년 7과
15. 물건의 소유 묻고 답하기	3학년 6과	3학년 10과	
16. 물건의 주인 확인하기	4학년 6과	4학년 5과	4학년 3과
17. 현재 하고 있는 일 묻고 답하기	4학년 11과	5학년 5과	4학년 4과
18. 진행 중인 일 확인하기	4학년 11과	5학년 5과	4학년 4과
19. 능력 여부 묻기	3학년 9과	3학년 11과	3학년 5과
20. 제안하고 답하기	4학년 2과	4학년 8과	
21. 금지하기	4학년 4과	4학년 9과	4학년 2과
22. 허락 구하고 답하기		5학년 8과	5학년 5과
23. 감탄하기	5학년 12과		
24. 가장 좋아하는 것 묻고 답하기	5학년 11과	3학년 7과	5학년 2과
25. 일상적인 일 표현하기			5학년 3과
26. 생김새 묻고 답하기	6학년 5과	5학년 10과	6학년 3과

이 책의 의사소통 기능		천재교육(함)	대교	YBM
27.	성격 묻고 답하기	5학년 14과 (이)		
28.	물건의 주인 묻고 답하기		5학년 4과	5학년 2과
29.	존재 확인하기	5학년 12과		
30.	가격 묻고 답하기	4학년 13과		4학년 10과
31.	하고 싶은 일 묻고 답하기	5학년 10과		
32.	걱정 표현하고 격려하기	6학년 3과		
33.	도움 제안하기	3학년 11과	6학년 7과	5학년 5과
34.	길 묻고 답하기	6학년 4과	5학년 9과	5학년 9과
35.	지난 일 묻고 답하기	4학년 14과		4학년 6과
36.	경험 묻고 답하기	5학년 8과	5학년 7과	4학년 12과
37.	전화 대화하기	5학년 9과	5학년 11과	5학년 10과
38.	생각 묻고 답하기	6학년 10과		
39.	철자 묻고 답하기			5학년 1과
40.	미래의 계획 묻고 답하기	5학년 7과	6학년 12과	6학년 13과
41.	해야 할 일 말하기			6학년 9과
42.	초대하기	6학년 7과	6학년 3과	
43.	증상 묻고 답하기	6학년 2과	6학년 5과	6학년 6과
44.	음식 주문하기	6학년 5과 (윤)		
45.	일과 묻고 답하기	5학년 14과	5학년 6과	
46.	빈도수 묻고 답하기	6학년 9과		
47.	과거 사실 묻고 답하기	6학년 11과		
48.	감정・상태의 이유 묻고 답하기	6학년 3과		6학년 12과
49.	비교하기	6학년 12과	6학년 10과	6학년 5과
50.	이유 묻고 답하기		6학년 8과	
51.	정보 묻고 답하기	6학년 13과	6학년 9과	6학년 7과
52.	장래희망 묻고 답하기	6학년 14과	5학년 12과	6학년 1과

안녕? 만나서 반가워! 나는 할레옹이야.
내가 가장 좋아하는 과목은 영어야.
그런데 영어가 어렵기만 하다고? 걱정하지 마!
초등학생이라면 꼭 알아야 할
교과서 필수 내용을 한 권에 쏙쏙 담은
'초등 필수 영어 무작정 따라하기'가 있으니까!

초등 필수 영어표현 무작정 따라하기

Anne Kim 지음

길벗스쿨

지은이 **Anne Kim** (luna1001@daum.net)

한양대학교에서 교육학을 전공하고 숙명여자대학교 TESOL 대학원을 졸업했습니다.
어학전문 출판사에서 십여 년 이상 영어교재를 기획·개발했고, 이후 교육현장에서 초중고 학생들을 대상으로
밀착 강의를 해오고 계십니다.
학생들의 영어학습 환경을 가까이 지켜보면서 연령과 시기에 따른 콘텐츠 선별과 적절한 학습법의 중요성을
다시금 확인하고, 초등학생들을 위한 맞춤형 콘텐츠 개발을 위해 집필 활동에 주력하고 계십니다.
지은 책으로 《초등 영어 구동사 160》, 《가장 쉬운 초등 영작문 하루 4문장 쓰기》, 《가장 쉬운 초등 필수 파닉스
실전 연습》 등이 있습니다.

초등 필수 영어표현 무작정 따라하기

The Cakewalk Series – Essential English Expressions for Kids

개정판 1쇄 발행 · 2023년 10월 30일

지은이 · 김지은(Anne Kim)
발행인 · 이종원
발행처 · 길벗스쿨
출판사 등록일 · 2006년 7월 1일 | **주소** · 서울시 마포구 월드컵로 10길 56 (서교동)
대표 전화 · 02)332-0931 | **팩스** · 02)323-0586
홈페이지 · www.gilbutschool.co.kr | **이메일** · gilbut@gilbut.co.kr

기획 및 책임 편집 · 최지우(rosa@gilbut.co.kr) | **표지 디자인** · 이현숙 | **제작** · 김우식
영업마케팅 · 김진성, 문세연, 박선경, 박다슬 | **웹마케팅** · 박달님, 정유리, 권은나, 이재윤
영업관리 · 정경화 | **독자지원** · 윤정아, 전희수

전산편집 · 연디자인 | **본문 디자인** · 유수정 | **영문 감수** · Ryan P. Lagace | **표지삽화** · 퍼플페이퍼
본문삽화 · 류은형 | **녹음** · YR 미디어 | **인쇄** · 교보피앤비 | **제본** · 신정문화사

ISBN 979-11-6406-567-7 64740 (길벗 도서번호 30552)
정가 16,000원

독자의 1초까지 아껴주는 길벗출판사

㈜도서출판 길벗 | IT교육서, IT단행본, 경제경영서, 어학&실용서, 인문교양서, 자녀교육서
www.gilbut.co.kr
길벗스쿨 | 국어학습서, 수학학습서, 유아학습서, 어학학습서, 어린이교양서, 학습단행본
www.gilbutschool.co.kr

길벗스쿨 공식 카페 〈기적의 공부방〉 · cafe.naver.com/gilbutschool
인스타그램 / 카카오플러스친구 · @gilbutschool

제 품 명 : 초등 필수 영어표현
　　　　　 무작정 따라하기
제조사명 : 길벗스쿨
제조국명 : 대한민국
전화번호 : 02-332-0931
주　 소 : 서울시 마포구 월드컵로
　　　　　 10길 56 (서교동)
제조년월 : 판권에 별도 표기
사용연령 : 7세 이상
KC마크는 이 제품이 공통안전기준에
적합하였음을 의미합니다.

교과서 속 의사소통 표현, 왜 중요할까요?

우리가 영어를 배우는 가장 큰 이유는 상대방과 영어로 대화하고 영어로 써진 글을 잘 이해하기 위해서일 겁니다. 기술이 발달하고 세계가 점차 초연결 사회가 되면서 이러한 영어 의사소통 능력은 더욱 중요해지고 있어요. 그래서 2022 개정 교육과정에서도 의사소통 역량을 가장 핵심으로 꼽고 강조하고 있지요.

자, 영어로 소통을 잘 하려면 무엇이 필요할까요? 말이든 글이든 소통에 필요한 '표현'들을 많이 알아두고 적절한 때에 사용할 수 있어야 합니다. 예를 들어, 좋아하는 것과 싫어하는 것을 표현하기, 동의하거나 반대하기, 충고하거나 사과하기 등 대화 상황에 자주 사용되는 표현들을 익히는 것이지요.

따라서 이 책은 교육부가 정한 필수 의사소통 표현 130개를 차근차근 공부해서 내것으로 만들 수 있도록 구성했습니다. 이 책이 제시하는 학습법을 따라 충분히 듣고, 말하고, 쓰면서 공부하면 회화에 자신있는 기본 실력을 갖추게 됩니다. 매일 꾸준히, 두 달 학습으로 완성해 보세요!

★★★
**교육부 권장
회화표현을 한 권
으로 총정리**

초등 영어교과서 3종을 꼼꼼히 분석하여 필수 표현을 한 권에 모두 담았습니다.
한 권으로 학교 영어를 수월하게 습득하고, 자신감을 키울 수 있습니다.

★★★
**필수 회화표현
130개,
어휘 400개**

일상생활에서 자주 사용되는 상황별 표현과 어휘를 함께 학습하여 기초 회화 능력을 탄탄히 다질 수 있습니다. 더 나아가 420개의 확장 문장까지 익힙니다.

★★★
**따라 말하기,
따라 쓰기로
완벽 습득**

표현이 머릿속에 쏙쏙! 입에 착! 붙을 수 있도록 음성 훈련과 문자 훈련을 결합하여 필수 표현을 완벽하게 이해하고 기억할 수 있습니다.

구성과 특징

STEP 1 듣고 따라 말하기

1 자기 소개하기

Hello. I am Jack.

My name is Sophia.
Nice to meet you.

처음 만나 인사를 할 때에는 Hello[Hi]!라고 말문을 열어요. 그리고 My name is (이름). 또는 I am (이름). 으로 상대방에게 자신의 이름을 소개해요. 어때요, 간단하죠? 상대방의 이름을 물어볼 때는 What's your name?이라고 말해요.

1 Listen and Speak 원어민의 음성을 잘 듣고 따라 말하세요. 001.mp3

A: Hello, I am Jack. What's your name? 안녕, 나는 잭이야. 너의 이름은 뭐야?
B: My name is _____ Sophia _____. Nice to meet you. 내 이름은 소피아야. 만나서 반가워.

| Ben | Kate | Emma |
| Olivia | Jacob | Michael |

참고 표현 처음 만나 인사를 나눌 때는 '만나서 반가워'라는 뜻의 Nice to meet you. 또는 Glad to meet you. / Pleased to meet you.라는 표현을 써요.

12

STEP 2 읽고 따라 쓰기

2 Read and Write 빈칸에 알맞은 단어를 써 넣어 문장을 완성하고, 문장 전체를 따라 쓰세요. 002.mp3

① 안녕, 나는 잭이야. ➡ Hello, ___ am Jack.

② 너의 이름은 뭐야? ➡ ___'s your name?

③ 내 이름은 소피아야. ➡ ___ name is Sophia.

④ 내 이름은 벤이야. ➡ My ___ is Ben.

⑤ 만나서 반가워. ➡ Nice to ___ you.

⑥ 만나서 반가워. ➡ Glad to meet ___.

Quiz 잘 듣고 빈칸을 채워 대화를 완성하세요. 003.mp3

① A: Hello, _____ your name?
   B: My _____ is Olivia.

② A: Hi, what's your _____?
   B: _____ name is Kate.
   _____ to _____ you.

13

친절한 우리말 설명과 대화 그림을 보며 특정 상황에서 쓰는 회화표현을 배웁니다.

1단계 학습으로, 원어민의 음성을 들으며 해당 표현을 듣는 즉시 따라 말해 보세요. 귀로 듣고 흘리기보다 입 밖으로 소리 내어 연습하는 것이 더욱 학습효과가 좋습니다.

스마트폰으로 스캔하여 음성을 들으세요. 영어 문장 뒤에 우리말 해석이 포함되어 있습니다.

참고 표현 알아두면 좋은 추가 표현들을 제시합니다. 꼼꼼하게 읽고 함께 기억해 두세요.

우리말 뜻에 맞는 회화표현이 되도록 빈칸에 알맞은 단어를 넣어 문장을 완성한 다음, 한 번 더 완전한 문장을 따라 씁니다.

단순 쓰기 활동이 되지 않도록, 문장의 우리말 뜻과 영어 발음을 소리 내 읽는 것이 중요합니다. 여러 번 반복하는 사이에 손이 기억하고 입이 기억하게 됩니다.
끝으로, 전체 문장 듣기로 마무리해 보세요.

Quiz 핵심 회화표현을 잘 익혔는지 리스닝 문제로 확인합니다. 주제와 관련한 가장 중요한 표현이니까 잘 듣고 쓸 수 있어야 해요.

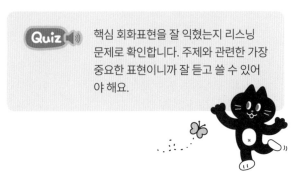

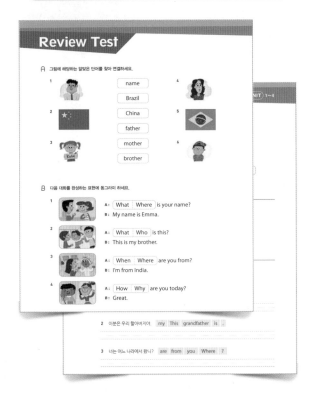

【 단어 목록 】

본문에 등장한 단어들을 알파벳 순으로 모았습니다. 본문을 학습하다가 막히는 단어는 부록의 '단어 목록'에서 한글 뜻을 참고하세요.

【 학년별 성취도 평가 문제 】

초등학교 영어 평가시험에 출제되는 문제 유형을 체험해 볼 수 있습니다. 학교 시험에는 이 책에서 다루고 있는 일상생활 회화표현들이 출제됩니다.

【 온라인 퀴즈 】

매 유닛을 공부 후, 단어와 문장을 간단하게 점검해 볼 수 있는 온라인 테스트를 제공합니다.

4개 유닛을 학습한 뒤에 이를 복습하는 리뷰 테스트를 거칩니다. 배운 표현을 잊지 않도록 리뷰 테스트를 통해 다시 상기하고 미흡한 부분을 점검합니다.

문제 A│ 그림을 보고 단어 맞히기
문제 B│ 단어를 선택하여 상황에 맞는 대화 완성하기
문제 C│ 대화를 완성하는 알맞은 문장 찾아 쓰기
문제 D│ 단어를 조합하여 문장 완성하기

• 길벗스쿨 e클래스

(https://eclass. gilbut.co.kr/)에서 MP3 파일 바로 듣기 및 학습자료 다운로드, 온라인 퀴즈를 이용하실 수 있습니다.

온라인 제공 자료
① MP3 파일   ② 딕테이션 워크시트   ③ 온라인 퀴즈

차 례

길벗스쿨 e클래스
eclass.gilbut.co.kr

바로 듣기

꼭! 알아둬야 할
기본 표현들을 모았어!

영어 교과서에서
뽑은

기초 표현

1~24

1 자기 소개하기

처음 만나 인사를 할 때에는 Hello[Hi]!라고 말문을 열어요. 그리고 My name is (이름). 또는 I am (이름). 으로 상대방에게 자신의 이름을 소개해요. 어때요, 간단하죠? 상대방의 이름을 물어볼 때는 What's your name?이라고 말해요.

1 **Listen and Speak** 원어민의 음성을 잘 듣고 따라 말하세요. 001.mp3

A : Hello, I am Jack. What's your name? 안녕, 나는 잭이야. 너의 이름은 뭐야?

B : My name is ___Sophia___. Nice to meet you. 내 이름은 소피아야. 만나서 반가워.

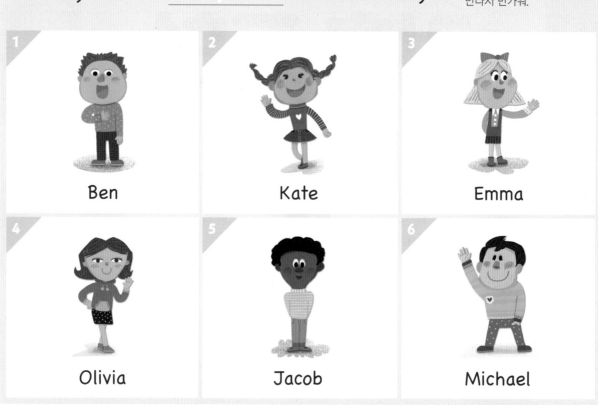

1. Ben
2. Kate
3. Emma
4. Olivia
5. Jacob
6. Michael

참고 표현 처음 만나 인사를 나눌 때는 '만나서 반가워.'라는 뜻의 Nice to meet you. 또는 Glad to meet you. / Pleased to meet you.라는 표현을 써요.

❶ 안녕, 나는 잭이야. ➡ Hello, ☐ am Jack.

✏ _____

❷ 너의 이름은 뭐야? ➡ ☐'s your name?

✏ _____

❸ 내 이름은 소피아야. ➡ ☐ name is Sophia.

✏ _____

❹ 내 이름은 벤이야. ➡ My ☐ is Ben.

✏ _____

❺ 만나서 반가워. ➡ Nice to ☐ you.

✏ _____

❻ 만나서 반가워. ➡ Glad to meet ☐.

✏ _____

Quiz 잘 듣고 빈칸을 채워 대화를 완성하세요. 003.mp3

❶ A: Hello, _____ your name?

B: My _____ is Olivia.

❷ A: Hi, what's your _____?

B: _____ name is Kate.
_____ to _____ you.

2 다른 사람 소개하기

집에 놀러 온 친구가 가족사진을 보고 누구인지 궁금해할 때가 있어요. Who is this?라는 표현을 써서 누구인지 물어보면, This is 뒤에 가족관계를 나타내는 단어인 brother, grandfather, mother 등을 넣어 답할 수 있어요.

Who is this?

This is my brother.

1 Listen and Speak 원어민의 음성을 잘 듣고 따라 말하세요. 004.mp3

A : Who is this? 이 사람은 누구야?

B : This is my ___brother___ . 이쪽은 우리 오빠야.

1  brother	2  sister	3  grandfather
4  grandmother	5  father	6  mother

참고 표현 Who is he/she?(그/그녀는 누구니?)로 물어보면 He is ~. 또는 She is ~.로 소개하는 말을 시작해요.
• He is my brother. 그는 우리 오빠야.
• She is my sister. 그녀는 우리 누나야.

빈칸에 알맞은 단어를 써 넣어 문장을 완성하고, 문장 전체를 따라 쓰세요. 005.mp3

❶ 이 사람은 누구야? ➡ [   ] is this?

❷ 이쪽은 우리 오빠(남동생)야. ➡ This is my [   ].

❸ 이쪽은 내 여동생(누나)이야. ➡ This is my [   ].

❹ 이분은 우리 할아버지야. ➡ This is my [   ].

❺ 이분은 우리 아빠야. ➡ This is my [   ].

❻ 이분은 우리 엄마야. ➡ This is my [   ].

Quiz 잘 듣고 빈칸을 채워 대화를 완성하세요. 006.mp3

❶ A: _____ is this?

　　B: This is my _____.

❷ A: Who is _____?

　　B: _____ _____ my _____.

3 출신지 묻고 답하기

Where are you from?

I'm from Canada.

길에서 우연히 만난 외국인에게 어느 나라에서 왔는지 묻고 싶을 때는 Where are you from?이라고 물어보면 돼요. 대답은 I'm from 뒤에 나라를 나타내는 단어인 Canada, China, Brazil 등을 넣어서 말해요.

1 Listen and Speak 원어민의 음성을 잘 듣고 따라 말하세요. 007.mp3

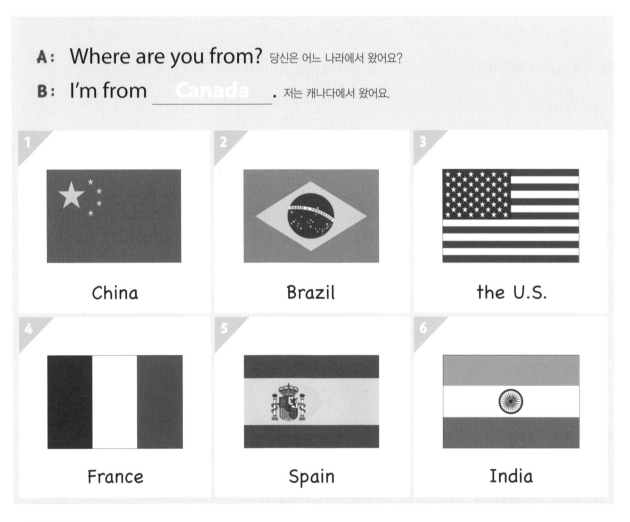

A : **Where are you from?** 당신은 어느 나라에서 왔어요?

B : **I'm from** _____Canada_____ . 저는 캐나다에서 왔어요.

1 China	2 Brazil	3 the U.S.
4 France	5 Spain	6 India

참고 표현 처음 만난 사람이 어느 나라에서 왔는지 묻는 또 다른 표현으로 What's your nationality?(국적이 어디예요?)가 있어요. nationality는 '국적'이라는 뜻이에요.

16

❶ 당신은 어느 나라에서 왔어요? ➡ _____ are you from?

✏ _____

❷ 저는 캐나다에서 왔어요. ➡ I'm from _____.

✏ _____

❸ 저는 중국에서 왔어요. ➡ I'm from _____.

✏ _____

❹ 저는 브라질에서 왔어요. ➡ I'm from _____.

✏ _____

❺ 저는 미국에서 왔어요. ➡ I'm _____ the U.S.

✏ _____

❻ 저는 인도에서 왔어요. ➡ I'm from _____.

✏ _____

Quiz 잘 듣고 빈칸을 채워 대화를 완성하세요. 009.mp3

❶ **A:** _____ are you from?

 B: I'm from _____.

❷ **A:** Where are you _____?

 B: I'm _____ _____.

4 안부 묻고 답하기

아는 사람을 만났을 때 How are you today?라는 말로 인사를 건네요. 대답은 그날 기분에 따라서 Great.(아주 좋아.) 또는 Not too bad.(나쁘지 않아.)라고 할 수 있어요.

How are you today?

Great.

1 Listen and Speak 원어민의 음성을 잘 듣고 따라 말하세요. 010.mp3

A : How are you today? 오늘 기분이 어때?

B : ___Great___ . 아주 좋아.

1 (I'm) Good.

2 (I'm) Fine.

3 (I'm) Okay.

4 Very well.

5 Not too bad.

6 Not so good.

참고 표현 상대방의 기분이나 안부를 묻는 표현으로 How are you doing? / How is it going?도 쓸 수 있어요.
"어떻게 지내? / 기분이 어때?"라는 뜻이에요.

❶ 오늘 기분이 어때? ➡ _____ are you today?

✎ _____

❷ 좋아. ➡ _____ fine.

✎ _____

❸ 아주 좋아. ➡ _____ well.

✎ _____

❹ 나쁘지 않아. ➡ Not too _____.

✎ _____

❺ 좋지 않아. ➡ _____ so good.

✎ _____

❻ 어떻게 지내? ➡ How are _____ doing?

✎ _____

Quiz 잘 듣고 빈칸을 채워 대화를 완성하세요. 012.mp3

❶ A: _____ are you today?

B: I'm _____.

❷ A: How are you _____?

B: _____ _____ bad.

Review Test

A 그림에 해당하는 알맞은 단어를 찾아 연결하세요.

1

4

(name)

(Brazil)

2

(China)

5

(father)

3

(mother)

6

(brother)

B 다음 대화를 완성하는 표현에 동그라미 하세요.

1

A : [What : Where] is your name?

B : My name is Emma.

2

A : [What : Who] is this?

B : This is my brother.

3

A : [When : Where] are you from?

B : I'm from India.

4

A : [How : Why] are you today?

B : Great.

C 대화를 완성하는 알맞은 문장을 찾아 빈칸에 쓰세요.

ⓐ Very well.   ⓑ My name is Ben.
ⓒ I'm from the U.S.   ⓓ This is my grandmother.

1 _____

2 _____

3 _____

4 _____

D 다음 우리말에 알맞은 문장을 완성하세요.

1 오늘 기분이 어때?   you   How   today   are   ?

....

....

2 이분은 우리 할아버지야.   my   This   grandfather   is   .

....

....

3 너는 어느 나라에서 왔니?   are   from   you   Where   ?

....

....

5 날씨 묻고 답하기

날씨를 묻는 표현으로 How's the weather?가 있어요. How's는 How is의 줄임말로, 대화체에서는 이렇게 줄여 쓰는 경우가 많아요. 대답은 It's 뒤에 날씨를 나타내는 단어인 sunny, windy, snowy 등을 넣어서 답해요.

How's the weather?

It's sunny.

1 Listen and Speak 원어민의 음성을 잘 듣고 따라 말하세요. 013.mp3

A : How's the weather? 날씨가 어때요?

B : It's ___sunny___ . 화창해요.

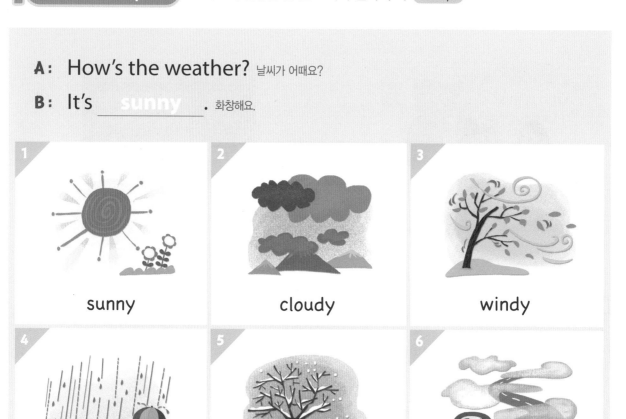

1 sunny	2 cloudy	3 windy
4 rainy	5 snowy	6 foggy

참고 표현 What's the weather like?(날씨가 어때요?)는 How's the weather?과 같이 날씨를 묻는 표현이에요.

❶ 날씨가 어때요? ➡ How's the ?

❷ 화창해요. ➡ sunny.

❸ 흐려요. ➡ It's .

❹ 바람이 불어요. ➡ It's .

❺ 비가 와요. ➡ It's .

❻ 눈이 내려요. ➡ It's .

Quiz 잘 듣고 빈칸을 채워 대화를 완성하세요. 015.mp3

❶ A: _____ the weather?
   B: It's _____.

❷ A: _____ the _____?
   B: It's _____.
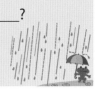

23

What time is it?
It's three thirty.

6 시각 묻고 답하기

시각을 물을 때 What time is it?이라고 해요. 대답은 It's 다음에 시간을 붙여 말하면 돼요. 일반적으로 시간과 분을 끊어 읽어서, 3시 15분은 three fifteen, 3시 30분은 three thirty라고 해요. 4시 정각을 나타낼 때는 four o'clock이라고 해요.

1 Listen and Speak 원어민의 음성을 잘 듣고 따라 말하세요. 016.mp3

A : What time is it? 몇 시예요?

B : It's _____3:30_____ . 3시 30분이에요.

9:15 (nine fifteen)

9:30 (nine thirty)

10:00 (ten o'clock)

1:20 (one twenty)

6:45 (six forty-five)

7:10 (seven ten)

 시간을 나타내는 영어 표현에서 half는 30분, quarter는 15분을 뜻해요.
• It's half past four. (4시 30분이에요.)
• It's quarter to four. (4시 15분 전이에요.)

❶ 몇 시예요? 　　➡ What ▢▢▢ is it?

✏ _____

❷ 3시 30분이에요. 　➡ ▢▢▢ three thirty.

✏ _____

❸ 9시 15분이에요. 　➡ It's ▢▢▢ fifteen.

✏ _____

❹ 1시 20분이에요. 　➡ It's one ▢▢▢.

✏ _____

❺ 6시 45분이에요. 　➡ It's six ▢▢▢ -five.

✏ _____

❻ 10시예요. 　➡ It's ten ▢▢▢.

✏ _____

Quiz 🔊 　잘 듣고 빈칸을 채워 대화를 완성하세요. 　018.mp3

❶ A: _____ time is it?

B: It's _____ ten.

❷ A: What time is it?

B: It's six _____ - _____.

7 요일 묻고 답하기

오늘이 무슨 요일인지 물을 때 What day is it today?
라고 해요. 대답은 It's 다음에 요일을 나타내는 단어인
Monday, Tuesday, Wednesday 등을 넣어 말하면
돼요. 요일은 항상 대문자로 시작해요.

It's Monday.

What day is it today?

1 Listen and Speak 원어민의 음성을 잘 듣고 따라 말하세요. 019.mp3

A : **What day is it today?** 오늘이 무슨 요일이에요?

B : It's ___Monday___. 월요일이에요.

1	2	3
TUE **9** Tuesday	**WED** **10** Wednesday	**THU** **11** Thursday

4	5	6
FRI **12** Friday	**SAT** **13** Saturday	**SUN** **14** Sunday

참고 표현 It 대신에 Today를 써서 Today is Monday.(오늘은 월요일이에요.)라고 말할 수 있어요.
참고로, 날짜를 묻는 표현은 What's the date today?(오늘은 며칠이에요?)이고,
대답은 It's March 1 today.(오늘은 3월 1일이에요.)라고 해요.

❶ 오늘이 무슨 요일이에요?

➡ What _____ is it today?

✏ _____

❷ 월요일이에요.

➡ It's _____.

✏ _____

❸ 화요일이에요.

➡ It's _____.

✏ _____

❹ 수요일이에요.

➡ It's _____.

✏ _____

❺ 목요일이에요.

➡ It's _____.

✏ _____

❻ 일요일이에요.

➡ It's _____.

✏ _____

Quiz 잘 듣고 빈칸을 채워 대화를 완성하세요. 021.mp3

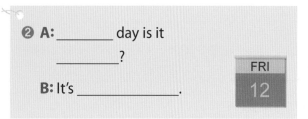

❶ A: _____ day is it today?

B: It's _____.

SAT
13

❷ A: _____ day is it
_____?

B: It's _____.

FRI
12

8 날짜 묻고 답하기

특정한 날이 언제인지 물을 때 When is ~?라는 표현을 써서 말해요. 날짜를 답할 때는 It's 다음에 '월 + 날짜' 순서로 말해야 하는데, 월 이름의 첫 글자는 항상 대문자로 써야 하고 날짜는 서수(first, second, third 등)로 말해야 해요. 연도는 It's October 3, 20XX.처럼 날짜 맨 뒤에 써요.

1 Listen and Speak 원어민의 음성을 잘 듣고 따라 말하세요. 022.mp3

A : When is ____the school festival____ ? 학교 축제가 언제니?

B : It's ____October 3____ . I can't wait. 10월 3일이야. 정말 기대돼.

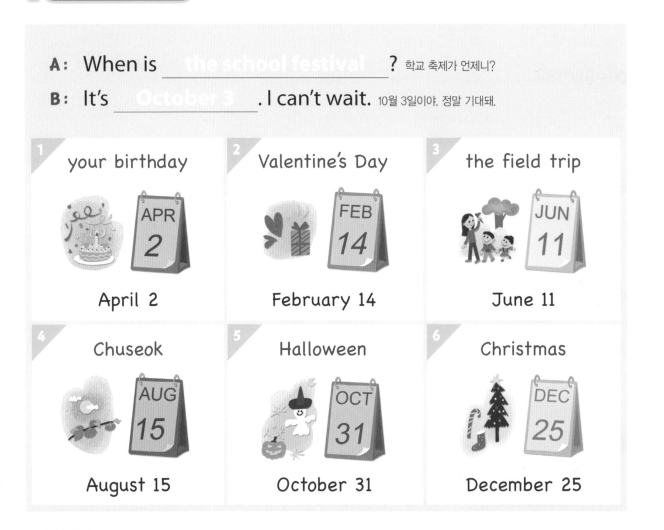

1 your birthday	2 Valentine's Day	3 the field trip
APR 2	FEB 14	JUN 11
April 2	February 14	June 11
4 Chuseok	5 Halloween	6 Christmas
AUG 15	OCT 31	DEC 25
August 15	October 31	December 25

 참고 표현   January 1월   February 2월   March 3월   April 4월   May 5월   June 6월   July 7월
August 8월   September 9월   October 10월   November 11월   December 12월

❶ 학교 축제가 언제니? ➡ _____ is the school festival?

✎ _____

❷ 10월 3일이야. ➡ _____ October 3.

✎ _____

❸ 현장학습이 언제니? ➡ When is the field _____ ?

✎ _____

❹ 6월 11일이야. 정말 기대돼. ➡ It's _____ 11. I can't wait.

✎ _____

❺ 2월 14일이야. ➡ It's _____ 14.

✎ _____

❻ 8월 15일이야. ➡ It's _____ 15.

✎ _____

Quiz 🔊 잘 듣고 빈칸을 채워 대화를 완성하세요. 024.mp3

❶ A: _____ is Chuseok?

 B: It's _____ 15.

AUG 15

❷ A: _____ is _____ ?

 B: It's _____ 25.

DEC 25

Review Test

A 그림을 보고, 빈칸을 채워 단어를 완성하세요.

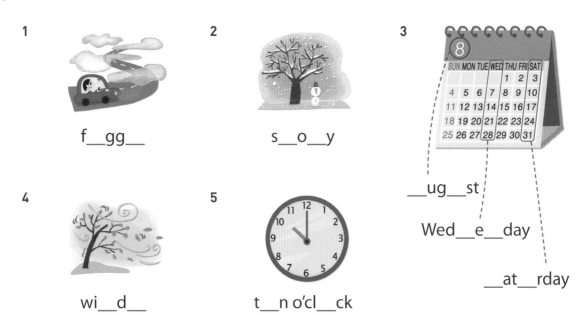

1 f__gg__

2 s__o__y

3 __ug__st

Wed__e__day

__at__rday

4 wi__d__

5 t__n o'cl__ck

B 다음 대화를 완성하는 표현에 동그라미 하세요.

1 A : [What : When] time is it?

B : It's nine thirty.

2 A : [When : What] day is it today?

B : It's Tuesday.

3 A : [Who : When] is your birthday?

B : It's May 10.

4 A : [How : What] is the weather?

B : It's rainy.

C 대화를 완성하는 알맞은 문장을 찾아 빈칸에 쓰세요.

> ⓐ It's cloudy.　　　　　ⓑ It's three thirty.
> ⓒ It's Saturday.　　　　ⓓ It's June 25. I can't wait.

What time is it?

1

How's the weather?

2

When is the school festival?

3

What day is it today?

4

D 다음 우리말에 알맞은 문장을 완성하세요.

1 8시 45분이에요.　 is　forty-five　It　eight　.

2 9월 15일이에요.　 September　is　15　It　.

3 날씨가 어때요?　 is　the　How　weather　?

9 감정·상태 표현하기

Are you hungry?

No, I'm not.

현재 상대방의 감정이나 상태에 대해 물어볼 때는 Are you ~?라는 표현을 써요. 엄마가 Are you hungry? (너 배고프니?)라고 물었을 때, 배고프면 Yes, I am.이라 답하고, 배고프지 않으면 No, I'm not.이라고 답하면 돼요.

1 Listen and Speak 원어민의 음성을 잘 듣고 따라 말하세요. 025.mp3

A : Are you _____hungry_____? 너 배고프니?

B : Yes, I am. / No, I'm not. 네, 배고파요. / 아니요, 배고프지 않아요.

| 1 excited | 2 happy | 3 scared |
| 4 bored | 5 sad | 6 angry |

참고 표현 I'm ~.라는 표현을 써서 현재 자신의 감정이나 상태에 대해 말할 수 있어요.
• I'm sad. 난 슬퍼. I'm happy. 난 행복해. I'm scared. 난 무서워.

❶ 너 배고프니?   ➡ _____ you hungry?

✎ _____

❷ 아니, 배고프지 않아.   ➡ No, I'm _____.

✎ _____

❸ 너 신났니?   ➡ Are you _____?

✎ _____

❹ 너 화났니?   ➡ Are you _____?

✎ _____

❺ 난 무서워.   ➡ I'm _____.

✎ _____

❻ 난 행복해.   ➡ I'm _____.

✎ _____

Quiz 🔊 잘 듣고 빈칸을 채워 대화를 완성하세요. `027.mp3`

❶ A: Are you _____?
  B: _____, I am.

❷ A: _____ you _____?
  B: _____, I'm _____.

축하하고 감사 표하기

친구의 생일 파티에서, 생일인 친구에게 Happy birthday!라고 축하 인사를 해요. 상대방의 축하 인사에 감사를 표할 때는 Thank you. 또는 Thanks a lot. 등으로 답해요.

1 **Listen and Speak** 원어민의 음성을 잘 듣고 따라 말하세요. 028.mp3

A : _**Happy birthday!**_ **This is for you.** 생일 축하해요! 이건 당신을 위한 거예요.

B : **Thank you.** 고마워요.

A : **You're welcome.** 천만에요.

Happy birthday!

Merry Christmas!

Happy New Year!

Congratulations!

 감사 인사에 대한 대답으로 You're welcome.(천만에요.) 또는 My pleasure.(나의 기쁨이에요.)라고 말해요.

❶ 생일 축하해요! ➡ Happy [   ]!

✎

❷ 메리 크리스마스! ➡ [   ] Christmas!

✎

❸ 새해 복 많이 받으세요! ➡ Happy New [   ]!

✎

❹ 이건 당신을 위한 거예요. ➡ This is [   ] you.

✎

❺ 고마워요. ➡ [   ] you.

✎

❻ 천만에요. ➡ You're [   ].

✎

Quiz 잘 듣고 빈칸을 채워 대화를 완성하세요. 030.mp3

❶ A: Congratulations!

   B: _____ _____.

❷ A: Happy _____.

   B: _____ you.

   A: You're _____.

11 좋아하는 것 묻고 답하기

상대방에게 좋아하는 것을 물어볼 때는 Do you like
~?라고 물어봐요. 긍정일 때는 Yes, I do.라고 답하고,
부정일 때는 No, I don't. 또는 Not very much.라고
답해요.

1 **Listen and Speak** 원어민의 음성을 잘 듣고 따라 말하세요. `031.mp3`

A : Do you like ___English___ ? 너는 영어를 좋아하니?

B : Yes, I do. / No, I don't. 응, 좋아해. / 아니, 좋아하지 않아.

math

history

music

art

P.E.

science

참고 표현 I like ~.라는 표현을 써서 '나는 ~을 좋아해.'라고 말할 수 있어요.
• I like English. 나는 영어를 좋아해.
• I like P.E. 나는 체육을 좋아해.

❶ 너는 영어를 좋아하니? ➡ ⬜ you like English?

🖉 _____

❷ 너는 수학을 좋아하니? ➡ Do you like ⬜?

🖉 _____

❸ 너는 역사를 좋아하니? ➡ Do you like ⬜?

🖉 _____

❹ 나는 체육을 좋아해. ➡ I ⬜ P.E.

🖉 _____

❺ 응, 좋아해. ➡ Yes, I ⬜.

🖉 _____

❻ 아니, 좋아하지 않아. ➡ No, I ⬜.

🖉 _____

 Quiz 잘 듣고 빈칸을 채워 대화를 완성하세요. 033.mp3

❶ A: _____ you like science?
B: No, I _____.

❷ A: _____ you _____ art?
B: _____, I _____.

37

12 음식 권하고 답하기

Do you want ~?라는 표현을 써서 상대방에게 그 음식을 먹기 원하는지 물어볼 수 있어요. 그 음식을 먹고 싶으면 Yes, please.라고 답하고, 먹기 원하지 않으면 No, thanks.라고 답해요.

Do you want some cookies?

Yes, please.

1 Listen and Speak 원어민의 음성을 잘 듣고 따라 말하세요. 034.mp3

A : Do you want some ___cookies___ ? 쿠키 좀 드실래요?

B : Yes, please. / No, thanks. I'm full. 네, 주세요. / 아니요, 괜찮아요. 배불러요.

1 meat

2 cake

3 pizza

4 spaghetti

5 sushi

6 fish and chips

참고 표현 상대방에게 음식을 권할 때는 Go ahead. Help yourself.(어서 드세요. 마음껏 드세요.)라는 표현을 쓸 수 있어요. 특정 음식을 권할 때는 Help yourself to some cake.(케이크 좀 드세요.)와 같이 말해요.

❶ 쿠키 좀 드실래요? ➡ Do you _____ some cookies?

✎ _____

❷ 고기 좀 드실래요? ➡ Do you want some _____?

✎ _____

❸ 스파게티 좀 드실래요? ➡ Do you want some _____?

✎ _____

❹ 어서 드세요. 마음껏 드세요. ➡ Go ahead. _____ yourself.

✎ _____

❺ 네, 주세요. ➡ Yes, _____.

✎ _____

❻ 아니요, 괜찮아요. 배불러요. ➡ No, thanks. I'm _____.

✎ _____

Quiz 잘 듣고 빈칸을 채워 대화를 완성하세요. 036.mp3

❶ A: _____ you want some pizza?
   B: Yes, _____.

❷ A: _____ you _____ some fish and chips?
   B: No, _____.
      I'm full.

Review Test

A   그림에 해당하는 알맞은 단어를 찾아 동그라미 하세요.

1   scared : excited

2   bored : happy

3   math : music

4   art : science

5   cake : pizza

6   sushi : spaghetti

B   다음 대화를 완성하는 표현에 동그라미 하세요.

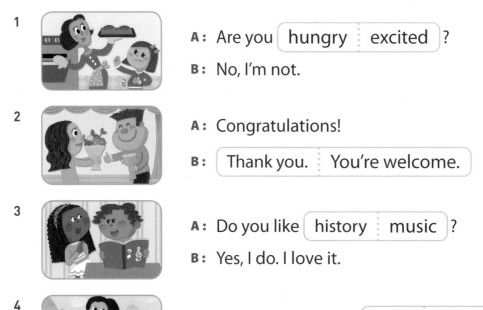

1

A : Are you hungry : excited ?

B : No, I'm not.

2

A : Congratulations!

B : Thank you. : You're welcome.

3

A : Do you like history : music ?

B : Yes, I do. I love it.

4

A : Do you want some meat : cookies ?

B : No, thanks. I'm full.

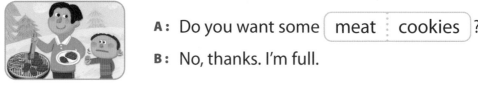

C 대화를 완성하는 알맞은 문장을 찾아 빈칸에 쓰세요.

ⓐ Yes, I am.
ⓑ Happy birthday!
ⓒ Yes, please.
ⓓ Yes, I do. I love it.

Do you want some cake?

1

_____

Thanks a lot.

2

_____

Do you like P.E.?

3

_____

Are you angry?

4

_____

D 다음 우리말에 알맞은 문장을 완성하세요.

1 너 무섭니?   scared   you   Are   ?

_____

_____

_____

2 이건 당신을 위한 거예요.   This   for   you   is   .

_____

_____

_____

3 스파게티 좀 드실래요?   want   you   spaghetti   some   Do   ?

_____

_____

13 색깔 묻고 답하기

사물의 색을 물어볼 때는 What color is ~?라는 표현을 사용해요. 색상을 대답할 때는 It's 다음에 색을 나타내는 단어인 green, yellow, blue 등을 넣어 말해요. 예를 들어, '그것은 초록색이야.'라고 말할 때는 It's green.이라고 말하면 돼요.

1 Listen and Speak 원어민의 음성을 잘 듣고 따라 말하세요. 037.mp3

A : What color is your pencil? 너의 연필은 무슨 색이야?

B : It's _____ green _____ . 초록색이야.

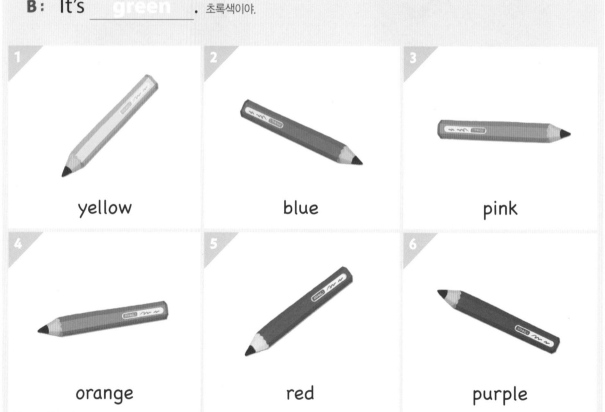

1 yellow	2 blue	3 pink
4 orange	5 red	6 purple

참고 표현 무슨 색을 좋아하는지 물어볼 때는 What color do you like?(너는 무슨 색을 좋아하니?)라고 하고,
대답은 I like navy.(난 남색을 좋아해.)와 같이 말해요.
• gray 회색   brown 갈색   silver 은색   black 검은색   white 흰색

❶ 너의 연필은 무슨 색이야?   ➡ What   is your pencil?

✏

❷ 초록색이야.   ➡   green.

✏

❸ 빨간색이야.   ➡ It's   .

✏

❹ 파란색이야.   ➡ It's   .

✏

❺ 너는 무슨 색을 좋아하니?   ➡   color do you like?

✏

❻ 난 노란색을 좋아해.   ➡ I like   .

✏

Quiz 🔊 잘 듣고 빈칸을 채워 대화를 완성하세요. 039.mp3

❶ A: _____ color is your pencil?

B: It's _____.

❷ A: What _____ is your _____?

B: _____ _____.

43

14 물건의 위치 묻고 답하기

찾고 있는 물건의 위치를 물어볼 때는 Where is ~? 라는 표현을 사용해요. '내 책 어디에 있어?'라고 묻고 싶으면 Where is my book?이라고 물어보면 돼요. 위치를 답할 때는 It's 다음에 on, in, under 등과 같은 단어를 넣어 말해요.

Where is my book?

It's on the chair.

1 Listen and Speak
원어민의 음성을 잘 듣고 따라 말하세요. 040.mp3

A : Where is my book? 내 책이 어디에 있지?

B : It's ___on___ the box. 상자 위에 있어.

1	2	3
on	in	under

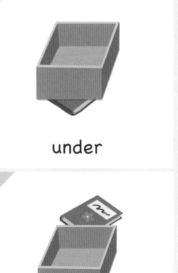

4	5	6
next to	in front of	behind

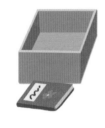

참고 표현 I'm looking for ~.라는 표현을 써서 무엇을 찾고 있는지 말할 수 있어요.
• I'm looking for my book. 나는 책을 찾고 있어.
• I'm looking for my pencil. 나는 연필을 찾고 있어.

❶ 내 책 어디에 있어? ➡ [   ] is my book?

🖉 _____

❷ 그것은 상자 위에 있어. ➡ It's [   ] the box.

🖉 _____

❸ 그것은 상자 안에 있어. ➡ It's [   ] the box.

🖉 _____

❹ 그것은 상자 옆에 있어. ➡ It's [   ] to the box.

🖉 _____

❺ 그것은 상자 앞에 있어. ➡ It's in [   ] of the box.

🖉 _____

❻ 그것은 상자 뒤에 있어. ➡ It's [   ] the box.

🖉 _____

Quiz 🔊 잘 듣고 빈칸을 채워 대화를 완성하세요. 042.mp3

❶ A: _____ is my book?

B: It's _____ the box.

❷ A: _____ is my book?

B: It's ____ _____ ____
the box.

Do you have a crayon?

Yes, I do.

상대방에게 특정 물건(crayon)을 가지고 있는지 묻고 싶을 때는 Do you have a crayon?이라는 표현을 써서 물어볼 수 있어요. 그 물건을 가지고 있다면 Yes, I do.라고 답하고, 가지고 있지 않다면 No, I don't.라고 답해요.

1 Listen and Speak
원어민의 음성을 잘 듣고 따라 말하세요. 043.mp3

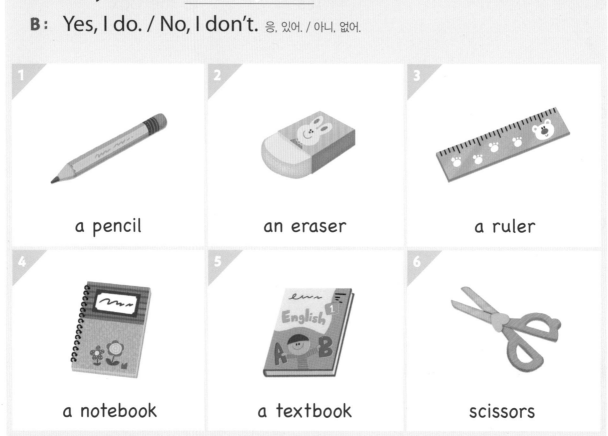

A : Do you have ___a crayon___? 너 크레용 있니?

B : Yes, I do. / No, I don't. 응, 있어. / 아니, 없어.

| 1 a pencil | 2 an eraser | 3 a ruler |
| 4 a notebook | 5 a textbook | 6 scissors |

참고 표현
• I have a crayon. 나는 크레용이 있어.
• I don't have a crayon. 나는 크레용이 없어.

❶ 너 크레용 있니?   ➡ Do you have a _____ ?

🖉 _____

❷ 너 지우개 있니?   ➡ Do you have an _____ ?

🖉 _____

❸ 너 가위 있니?   ➡ Do you have _____ ?

🖉 _____

❹ 나는 공책이 있어.   ➡ I have a _____ .

🖉 _____

❺ 나는 교과서가 없어.   ➡ I don't have a _____ .

🖉 _____

❻ 응, 있어.   ➡ Yes, I _____ .

🖉 _____

Quiz 잘 듣고 빈칸을 채워 대화를 완성하세요. 045.mp3

❶ A: _____ you have an eraser?

B: No, I _____ .

❷ A: _____ you _____ a ruler?

B: _____ , I _____ .

16 물건의 주인 확인하기

특정 물건의 주인을 확인하고 싶을 때 Is this your ~?라는 표현을 사용해요. '이 우산이 너의 것이니?' 라고 물어볼 때는 Is this your umbrella?라고 해요. 상대방이 물어보는 물건이 내 것일 때는 Yes, it is. It's mine.이라고 답하고, 내 것이 아닐 때는 No, it isn't. 라고 답하면 돼요.

Is this your umbrella?

Yes, it is. It's mine.

1 Listen and Speak 원어민의 음성을 잘 듣고 따라 말하세요. 046.mp3

A: Is this your _____umbrella_____? 이 우산이 너의 것이니?

B: Yes, it is. It's mine. / No, it isn't. 응, 내 거야. / 아니, 그렇지 않아.

| 1 watch | 2 cap | 3 ball |
| 4 bike | 5 cell phone | 6 wallet |

 참고 표현 신발이나 장갑과 같이 두 개가 한 쌍을 이루는 경우에는 Are these your ~?라는 표현으로 물어볼 수 있어요.
  • A: Are these your shoes? 이 신발이 너의 것이니?
    B: Yes, they are. 응, 내 거야. / No, they aren't. 아니, 내 것이 아니야.

❶ 이 우산이 너의 것이니? ➡ Is this your ⬚⬚⬚⬚ ?

🖊 _____

❷ 응. 내 거야. ➡ Yes, it is. It's ⬚⬚⬚⬚ .

🖊 _____

❸ 이 시계가 너의 것이니? ➡ Is this your ⬚⬚⬚⬚ ?

🖊 _____

❹ 이 모자가 너의 것이니? ➡ Is this your ⬚⬚⬚ ?

🖊 _____

❺ 이 자전거가 너의 것이니? ➡ Is this your ⬚⬚⬚⬚ ?

🖊 _____

❻ 이 지갑이 너의 것이니? ➡ Is this your ⬚⬚⬚⬚ ?

🖊 _____

Quiz 🔊 잘 듣고 빈칸을 채워 대화를 완성하세요. 048.mp3

❶ A: _____ this your cap?

B: No, it _____ .

❷ A: _____ this your _____ _____ ?

B: _____ , it is.

It's _____ .

Review Test

A 단어에 해당하는 그림을 찾아 빈칸에 쓰세요.

1 wallet ___

2 bike ___

3 eraser ___

4 cap ___

5 ruler ___

6 scissors ___

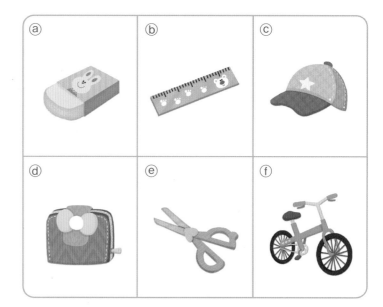

ⓐ ⓑ ⓒ ⓓ ⓔ ⓕ

B 다음 대화를 완성하는 표현에 동그라미 하세요.

1

A : Where is my cell phone?

B : It's on | under the chair.

2

A : What color is your bike?

B : It's green | blue .

3

A : Is this your wallet | ball ?

B : No, it isn't.

4

A : Do you have a crayon | a textbook ?

B : Yes, I do.

C 대화를 완성하는 알맞은 문장을 찾아 빈칸에 쓰세요.

> ⓐ Yes, I do.　　　　ⓑ It's under the desk.
> ⓒ It's pink.　　　　ⓓ Yes, it is. It's mine.

Is this your cap?

1 _____

Do you have a ruler?

2 _____

Where is my umbrella?

3 _____

What color is your wallet?

4 _____

D 다음 우리말에 알맞은 문장을 완성하세요.

1 너 크레용 있니?　 Do　a　have　you　crayon　?

_____

2 너의 연필은 무슨 색이야?　 is　color　your　What　pencil　?

_____

3 그것은 상자 앞에 있어.　 the box　It　in front of　is　.

_____

17 현재 하고 있는 일 묻고 답하기

상대방에게 지금 무엇을 하고 있는지 물어볼 때는 What are you doing now?라고 해요. 그 질문에 대답할 때는 I'm 뒤에 자신이 하고 있는 동작이나 행동에 -ing를 붙여서 답해요. 요리하는 중이라면 I'm cooking.이라고 말하면 돼요.

I'm cooking.

What are you doing now?

1 Listen and Speak 원어민의 음성을 잘 듣고 따라 말하세요. 049.mp3

A : **What are you doing now?** 너 지금 뭐하고 있니?

B : **I'm ___cooking___.** 나는 요리하고 있어.

1 dancing

2 singing

3 swimming

4 watching TV

5 studying English

6 cleaning my room

 참고 표현 그/그녀가 지금 무엇을 하고 있는지 물어볼 때는 What is he/she doing now?라고 묻고,
He/She is -ing.라고 답해요.
• A: What is he/she doing now? 그/그녀는 지금 뭐하니?
  B: He/She is cooking. 그/그녀는 요리하고 있어.

❶ 너 지금 뭐하고 있니?　　　➡ What are you ▭ now?

✎

❷ 나는 요리하고 있어.　　　➡ ▭ cooking.

✎

❸ 나는 수영하고 있어.　　　➡ I'm ▭ .

✎

❹ 나는 텔레비전 보고 있어.　　　➡ I'm ▭ TV.

✎

❺ 그는 지금 뭐하니?　　　➡ ▭ is he doing now?

✎

❻ 그는 영어를 공부하고 있어.　　　➡ He is ▭ English.

✎

Quiz 잘 듣고 빈칸을 채워 대화를 완성하세요. 051.mp3

❶ A: What are you _____ now?

B: I'm _____ my room.

❷ A: _____ are you doing now?

B: _____ _____ .

53

18 진행 중인 일 확인하기

Are you waiting for a bus?

Yes, I am.

상대방에게 '너는 ~을 하고 있니?'라고 물을 때 Are you -ing?라는 표현을 사용해요. 친구에게 '너는 버스를 기다리고 있니?'라고 묻고 싶으면 Are you waiting for a bus?라고 말해요. 버스를 기다리는 중이라면 Yes, I am.이라고 말하고, 그렇지 않다면 No, I'm not.이라고 말하면 돼요.

1 Listen and Speak 원어민의 음성을 잘 듣고 따라 말하세요. 052.mp3

A : Are you ___waiting for a bus___ ? 너는 버스를 기다리고 있니?

B : Yes, I am. / No, I'm not. 응, 맞아. / 아니, 그렇지 않아.

reading a book

drinking juice

throwing trash away

writing a card

eating ice cream

washing the dishes

 참고 표현
- I'm reading a book. 나는 책을 읽고 있어.
- I'm not reading a book. 나는 책을 읽고 있지 않아.

2 Read and Write 빈칸에 알맞은 단어를 써 넣어 문장을 완성하고, 문장 전체를 따라 쓰세요. `053.mp3`

❶ 너는 버스를 기다리고 있니? ➡ _____ you waiting for a bus?

✎ _____

❷ 너는 주스를 마시고 있니? ➡ Are you _____ juice?

✎ _____

❸ 너는 쓰레기를 버리고 있니? ➡ Are you _____ trash away?

✎ _____

❹ 너는 카드를 쓰고 있니? ➡ Are you _____ a card?

✎ _____

❺ 너는 아이스크림을 먹고 있니? ➡ Are you _____ ice cream?

✎ _____

❻ 나는 설거지를 하고 있어. ➡ I'm _____ the dishes.

✎ _____

Quiz 잘 듣고 빈칸을 채워 대화를 완성하세요. `054.mp3`

❶ A: _____ you reading a book?

B: Yes, I _____.

❷ A: Are you _____ ice cream?

B: _____, I'm _____.

19 능력 여부 묻고 답하기

'너는 ~을 할 수 있니?'라고 물을 때는 Can you ~? 라는 표현을 사용해요. Can you swim?과 같이 Can you 뒤에 행동을 나타내는 단어가 와서 '너는 수영을 할 수 있니?'라고 물어볼 수 있어요. 수영을 할 수 있다 면 Yes, I can.이라고 답하고, 할 수 없다면 No, I can't. 라고 답해요.

1 Listen and Speak 원어민의 음성을 잘 듣고 따라 말하세요. 055.mp3

A: Can you ___swim___? 너는 수영할 수 있니?

B: Yes, I can. / No, I can't. 응, 할 수 있어. / 아니, 못해.

1 cook	2 jump	3 sing
4 ski	5 skate	6 dance

참고 표현
- I can ski. 나는 스키를 탈 수 있어.
- I can't dance. 나는 춤을 못 춰.

❶ 너는 수영할 수 있니?   ➡ Can you ☐☐☐☐☐ ?

✎ _____

❷ 너는 요리할 수 있니?   ➡ Can you ☐☐☐☐☐ ?

✎ _____

❸ 너는 노래할 수 있니?   ➡ Can you ☐☐☐☐☐ ?

✎ _____

❹ 너는 점프할 수 있니?   ➡ Can you ☐☐☐☐☐ ?

✎ _____

❺ 너는 스케이트 탈 수 있니? ➡ Can you ☐☐☐☐☐ ?

✎ _____

❻ 응, 할 수 있어.   ➡ Yes, I ☐☐☐☐ .

✎ _____

Quiz 🔊 잘 듣고 빈칸을 채워 대화를 완성하세요. 057.mp3

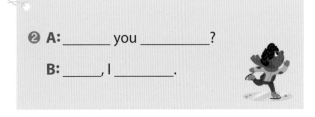

❶ A: Can you _____?

B: Yes, I _____.

❷ A: _____ you _____?

B: _____, I _____.

20 제안하고 답하기

어떤 행동을 함께 하자고 제안할 때는 앞에 Let's를 써요. 축구하자고 제안할 때는 Let's play soccer.라고 하면 돼요. 친구의 제안을 승낙한다면 Okay.라고 말하고, 거절한다면 Sorry, I can't.라고 말해 보세요.

1 Listen and Speak 원어민의 음성을 잘 듣고 따라 말하세요. 058.mp3

A : Let's play _____soccer_____. 우리 축구하자.

B : Okay. Sounds good. / Sorry, I can't. 그래. 좋은 생각이다. / 미안하지만, 난 안 돼.

1  baseball	**2**  basketball	**3**  volleyball
4  tennis	**5**  badminton	**6**  table tennis

 '축구하는 게 어때?'라는 뜻의 How[What] about playing soccer? 또는 Why don't we play soccer?라는 표현을 써서 상대방에게 함께 축구하자고 제안할 수 있어요.

❶ 우리 축구하자. ➡ _____ play soccer.

✏ _____

❷ 우리 농구하자. ➡ Let's play _____.

✏ _____

❸ 우리 배드민턴 치자. ➡ Let's play _____.

✏ _____

❹ 야구하는 게 어때? ➡ How about playing _____?

✏ _____

❺ 그래. 좋은 생각이다. ➡ Okay. Sounds _____.

✏ _____

❻ 미안하지만, 난 안 돼. ➡ Sorry, I _____.

✏ _____

Quiz 🔊 잘 듣고 빈칸을 채워 대화를 완성하세요. 060.mp3

❶ A: Let's play _____ _____.

 B: _____, I can't.

❷ A: _____ _____ tennis.

 B: Okay.

 _____ good.

Review Test

A 그림에 해당하는 알맞은 단어를 찾아 연결하세요.

1

4

ski

| sing |

| cook |

| baseball |

| basketball |

| table tennis |

2

5

3

6

B 다음 대화를 완성하는 표현에 동그라미 하세요.

1

A : What are you doing now?

B : I'm [study ┆ studying] English.

2

A : Can you [sing ┆ jump] ?

B : No, I can't.

3

A : [Am ┆ Are] you eating ice cream?

B : Yes, I am.

4

A : Let's play badminton.

B : [Sorry ┆ Okay] , I can't.

C   대화를 완성하는 알맞은 문장을 찾아 빈칸에 쓰세요.

> ⓐ No, I can't.   ⓑ No, I'm not.
> ⓒ Okay. Sounds good.   ⓓ I'm cleaning my room.

Let's play baseball.

1

_____

What are you doing now?

2

_____

Are you reading a book?

3

_____

Can you skate?

4

_____

D   다음 우리말에 알맞은 문장을 완성하세요.

1   너는 버스를 기다리고 있니?   waiting bus Are a you for ?

_____

2   너는 춤을 출 수 있니?   dance you Can ?

_____

3   우리 배구하자.   volleyball play Let's .

_____

21 금지하기

해서는 안 되는 행동을 금지할 때 '~ 하지 마(세요)'라는 뜻의 Don't를 맨 앞에 써서 Don't run.(뛰지 마세요.)과 같이 말해요. Don't 뒤에 행동을 나타내는 단어인 shout, touch 등을 넣어 말하면 돼요.

1 **Listen and Speak** 원어민의 음성을 잘 듣고 따라 말하세요. 061.mp3

A: Don't ___run___. 뛰지 마세요.

B: I'm sorry. 미안해요.

1 eat here

2 sit here

3 swim here

4 shout

5 touch

6 be late for school

 참고 표현 상대방에게 조심하라는 경고의 말을 할 때는 Watch out!(조심하세요!)이라는 표현을 사용해요.

❶ 뛰지 마(세요). ➡ _____ run.

✏

❷ 여기서 (음식을) 먹지 마(세요). ➡ Don't _____ here.

✏

❸ 여기서 수영하지 마(세요). ➡ Don't swim _____ .

✏

❹ 소리 지르지 마(세요). ➡ Don't _____ .

✏

❺ 만지지 마(세요). ➡ Don't _____ .

✏

❻ 학교에 지각하지 마(세요). ➡ Don't be _____ for school.

✏

Quiz 잘 듣고 빈칸을 채워 대화를 완성하세요. 063.mp3

❶ A: _____ sit here.

B: _____ sorry.

❷ A: _____ _____ late for school.

B: I'm _____ .

22 허락 구하고 답하기

상대방에게 어떤 행동을 해도 되는지 물어볼 때는 Can I ~?로 물어요. 불쑥 방에 들어가기 전에 Can I come in?(들어가도 되나요?) 하고 묻는 것이 좋아요. 상대방이 허락한다면 Sure. 또는 Yes, you can.이라고 말하고, 허락하지 않는다면 Sorry, you can't.라고 말해요.

1 Listen and Speak 원어민의 음성을 잘 듣고 따라 말하세요. 064.mp3

A: Can I ___come in___? 들어가도 돼요?

B: Sure. / Sorry, you can't. 물론이에요. / 미안하지만, 안 돼요.

ask a question

go home

try some juice

sit here

borrow your pen

take a picture

 참고 표현 Can I come in?(들어가도 되나요?)은 다음과 같이 바꿔 말할 수 있어요.
  • May I come in?
  • Is it okay to come in?

❶ 들어가도 되나요? ➡ ____ I come in?

✎ _____

❷ 질문해도 될까요? ➡ Can I ____ a question?

✎ _____

❸ 주스 마셔도 되나요? ➡ Can I ____ some juice?

✎ _____

❹ 펜을 빌릴 수 있나요? ➡ Can I ____ your pen?

✎ _____

❺ 물론이에요. ➡ ____.

✎ _____

❻ 미안하지만, 안 돼요. ➡ Sorry, you ____.

✎ _____

Quiz 잘 듣고 빈칸을 채워 대화를 완성하세요. 066.mp3

❶ A: _____ I take a picture?

B: _____.

❷ A: Can I _____ here?

B: _____, you _____.

23 감탄하기

TV에 나온 아역 배우의 실물을 보고 감탄하고 있네요. 감탄하는 말을 할 때는 맨 앞에 What을 써요. '예쁜 소녀'라는 뜻의 a pretty girl 앞에 What을 붙여서 What a pretty girl!이라고 하면, "정말 예쁜 소녀구나!" 하고 감탄하는 말이 돼요.

1 Listen and Speak 원어민의 음성을 잘 듣고 따라 말하세요. 067.mp3

A : Look at the ___girl___. 저 소녀를 봐.

B : What a ___pretty girl___! 정말 예쁜 소녀구나!

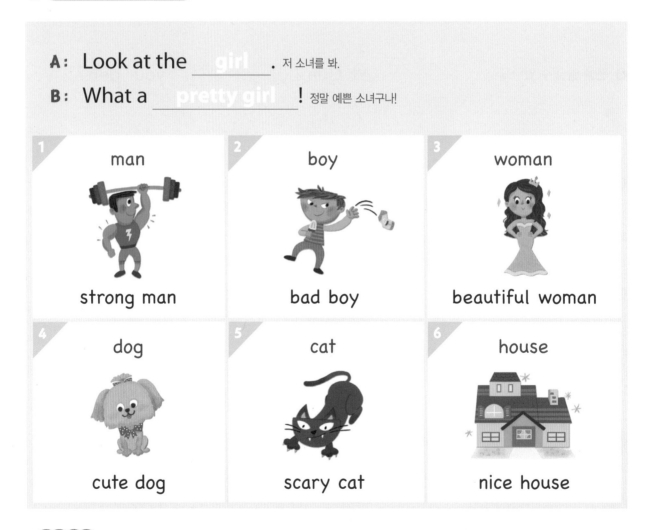

1 man strong man	2 boy bad boy	3 woman beautiful woman
4 dog cute dog	5 cat scary cat	6 house nice house

 참고 표현 '정말 예쁜 소녀구나!'라는 감탄의 말은 How ~!로도 표현할 수 있어요.
- **What** a pretty girl (she is)!
  = **How** pretty (she is)!

66

❶ 저 소녀를 봐. ➡ _____ at the girl.

🖉 _____

❷ 정말 예쁜 소녀구나! ➡ _____ a pretty girl!

🖉 _____

❸ 정말 힘이 센 남자구나! ➡ What a _____ man!

🖉 _____

❹ 정말 나쁜 소년이구나! ➡ What a bad _____ !

🖉 _____

❺ 정말 무서운 고양이구나! ➡ What a _____ cat!

🖉 _____

❻ 정말 멋진 집이구나! ➡ What a nice _____ !

🖉 _____

Quiz 잘 듣고 빈칸을 채워 대화를 완성하세요. 069.mp3

❶ A: _____ at the woman!

B: _____ a beautiful woman!

❷ A: Look at the _____ !

B: _____ a _____ dog!

What's your favorite season?

My favorite season is summer.

24 가장 좋아하는 것 묻고 답하기

상대방에게 가장 좋아하는 계절이 무엇인지 물어볼 때는 What's your favorite season?이라고 해요. season 자리에 movie(영화), animal(동물) 등과 같은 단어를 넣어 상대방이 가장 좋아하는 것을 물어볼 수 있어요. 대답은 My favorite (어떤 것) is ~.라고 말하면 돼요.

1 Listen and Speak 원어민의 음성을 잘 듣고 따라 말하세요. 070.mp3

A: What's your favorite ___season___? 가장 좋아하는 계절이 뭐예요?

B: My favorite ___season___ is ___summer___. 제가 가장 좋아하는 계절은 여름이에요.

1 movie	2 animal	3 food
Frozen	rabbit	hamburgers
4 subject	5 fruit	6 number
science	pineapple	seven

 참고 표현 I like ~ very much.는 '나는 ~을 정말 좋아해요.'라는 뜻으로, 자신이 좋아하는 것이나 활동을 넣어 말할 수 있어요.
 • I like science very much. 나는 과학을 정말 좋아해요.
 • I like drawing pictures very much. 나는 그림 그리기를 정말 좋아해요.

68

❶ 가장 좋아하는 계절이 뭐예요? ➡ What's your ▭ season?

✏ _____

❷ 제가 가장 좋아하는 계절은 여름이에요. ➡ My favorite ▭ is summer.

✏ _____

❸ 가장 좋아하는 과목이 뭐예요? ➡ ▭ your favorite subject?

✏ _____

❹ 제가 가장 좋아하는 음식은 햄버거예요. ➡ My favorite ▭ is hamburgers.

✏ _____

❺ 제가 가장 좋아하는 숫자는 7이에요. ➡ My favorite ▭ is seven.

✏ _____

❻ 저는 과학을 정말 좋아해요. ➡ I ▭ science very much.

✏ _____

Quiz 🔊 잘 듣고 빈칸을 채워 대화를 완성하세요. (072.mp3)

❶ A: _____ your favorite animal?

   B: My favorite animal is

      a _____.

❷ A: What's your _____ _____?

   B: My favorite fruit ____

      _____.

69

Review Test

A 그림을 보고, 빈칸을 채워 단어를 완성하세요.

1   st__ong

2   s__out

3   to__ch

4   r__bbi__

5   sev__n

6   pin__ap__le

B 다음 대화를 완성하는 표현에 동그라미 하세요.

1   A : [Do : Don't] swim here.

B : I'm sorry.

2   A : [Can : Am] I try some juice?

B : Sure.

3   A : [Who : What] is your favorite fruit?

B : My favorite fruit is apples.

4   A : Look at the dog.

B : [What : How] a cute dog!

70

C   대화를 완성하는 알맞은 문장을 찾아 빈칸에 쓰세요.

> ⓐ Sure.   ⓑ What a strong man!
> ⓒ I'm sorry.   ⓓ My favorite animal is the hamster.

Can I borrow your ruler?

1

Don't shout.

2

What's your favorite animal?

3

Look at the man.

4

D   다음 우리말에 알맞은 문장을 완성하세요.

1   내가 가장 좋아하는 음식은 햄버거예요.   food My hamburgers favorite is .

_____

2   사진 찍어도 되나요?   I take a Can picture ?

_____

3   정말 무서운 고양이구나!   cat What scary a !

_____

길벗스쿨 e클래스
eclass.gilbut.co.kr

바로 듣기

영어 대화가 술술~ 되는
중요 표현들이 다 있어!

영어 교과서에서 뽑은

중급 표현

25~40

25 일상적인 일 표현하기

친구에게 일요일에 무엇을 하는지 물어볼 때는 What do you do on Sundays?라고 해요. 대답은 I usually 뒤에 특정 행동을 넣어 말하면 돼요. 예를 들어, go to the library(도서관에 가다), ride a bike(자전거를 타다) 등과 같은 내용을 넣어 말하면 된답니다.

What do you do on Sundays?

I usually go to the library.

1 Listen and Speak 원어민의 음성을 잘 듣고 따라 말하세요. 073.mp3

A : **What do you do on Sundays?** 너는 일요일에 무엇을 하니?

B : **I usually** <u>go to the library</u> . 나는 보통 도서관에 가.

| 1 ride a bike | 2 do *taekwondo* | 3 bake cookies |
| 4 read books | 5 play chess | 6 go to church |

 I usually ride a bike.(나는 보통 자전거를 타.)에서 usually는 '보통, 대개'라는 뜻이에요.

2 Read and Write 빈칸에 알맞은 단어를 써 넣어 문장을 완성하고, 문장 전체를 따라 쓰세요. 074.mp3

❶ 너는 일요일에 무엇을 하니? ➡ What do you ▢ on Sundays?

✎ _____

❷ 나는 보통 도서관에 가. ➡ I ▢ go to the library.

✎ _____

❸ 나는 보통 자전거를 타. ➡ I usually ▢ a bike.

✎ _____

❹ 나는 보통 쿠키를 구워. ➡ I usually ▢ cookies.

✎ _____

❺ 나는 보통 체스를 해. ➡ I usually ▢ chess.

✎ _____

❻ 나는 보통 교회에 가. ➡ I usually ▢ to church.

✎ _____

Quiz 🔊 잘 듣고 빈칸을 채워 대화를 완성하세요. 075.mp3

❶ A: _____ do you do on Sundays?
   B: I usually _____ books.

❷ A: What do you do _____ _____?
   B: I _____ _____ chess.

What does she look like?

She has curly hair.

누군가의 외모에 대해 물어볼 때는 What does she/he look like?라고 해요. 대답은 She has curly hair. (그 여자애는 곱슬머리야.)와 같이 She/He has 뒤에 외모의 특징적인 사항을 넣어 답하면 돼요.

1 **Listen and Speak** 원어민의 음성을 잘 듣고 따라 말하세요. 076.mp3

A : **What does she look like?** 그 여자애는 어떻게 생겼어?

B : **She has** ___curly hair___ . 그 여자애는 곱슬머리야.

1 long hair

2 brown eyes

3 freckles

4 dimples

5 a small nose

6 a big mouth

참고 표현 외모를 표현하는 단어와 표현을 좀 더 알아봐요.
- pretty 예쁜   handsome 잘생긴   tall 키가 큰   cute 귀여운   fat 뚱뚱한   slim 날씬한
- She is tall and pretty. 그 여자애는 키가 크고 예뻐.
- He is cute and handsome. 그 남자애는 귀엽고 잘생겼어.

❶ 그 여자애는 어떻게 생겼어? ➡ What does she _____ like?

🖉 _____

❷ 그 여자애는 곱슬머리야. ➡ She has _____ hair.

🖉 _____

❸ 그 여자애는 갈색 눈을 가졌어. ➡ She has _____ eyes.

🖉 _____

❹ 그 여자애는 주근깨가 있어. ➡ She has _____ .

🖉 _____

❺ 그 여자애는 보조개가 있어. ➡ She has _____ .

🖉 _____

❻ 그 여자애는 코가 작아. ➡ She has a _____ nose.

🖉 _____

Quiz 잘 듣고 빈칸을 채워 대화를 완성하세요. 078.mp3

❶ A: _____ does she look like?

B: She _____ a big mouth.

❷ A: What does she _____ _____ ?

B: She has _____ _____ .

77

27 성격 묻고 답하기

누군가의 성격에 대해서도 말하죠. 성격이 어떠한지 물어볼 때는 What is she/he like?라고 하고, 대답은 She/He is 뒤에 성격을 나타내는 단어인 kind, active, shy 등을 넣어 답해요.

What is she like?

She is very funny.

1 **Listen and Speak** 원어민의 음성을 잘 듣고 따라 말하세요. 079.mp3

A : **What is she like?** 그 여자애는 성격이 어때요?

B : **She is very** ___funny___ **.** 그 여자애는 매우 재미있어요.

1 kind

2 active

3 jealous

4 shy

5 smart

6 imaginative

참고 표현
• What **is** she like? 그 여자애는 성격이 어때요?
• What **does** she like? 그 여자애는 무엇을 좋아하나요?

❶ 그 여자애는 성격이 어때요? ➡ What is she [   ]?

✎ _____

❷ 그 여자애는 매우 재미있어요. ➡ She is very [   ].

✎ _____

❸ 그 여자애는 매우 활동적이에요. ➡ She is very [   ].

✎ _____

❹ 그 여자애는 수줍음을 많이 타요. ➡ She is very [   ].

✎ _____

❺ 그 여자애는 매우 똑똑해요. ➡ She is very [   ].

✎ _____

❻ 그 여자애는 상상력이 매우 풍부해요. ➡ She is very [   ].

✎ _____

Quiz 잘 듣고 빈칸을 채워 대화를 완성하세요. 081.mp3

❶ A: _____ is she like?

B: She is very _____.

❷ A: _____ is she _____?

B: _____ is very _____.

28 물건의 주인 묻고 답하기

물건의 주인이 누구인지 물을 때는 Whose ~ is this? 라는 표현을 사용해요. whose는 '누구의'라는 뜻이에요. 대답은 It's 뒤에 사람 이름을 넣어서, It's Tom's. (톰의 것이에요.)와 같이 답해요. 이름 뒤에 's를 꼭 붙여야 해요.

> Whose paintbrush is this?
>
> It's Tom's.

1 Listen and Speak 원어민의 음성을 잘 듣고 따라 말하세요. 082.mp3

A : Whose ___paintbrush___ is this? 이것은 누구의 붓이니?

B : It's Tom's. 그것은 톰의 것이야.

1 paintbrush	**2** colored pencil	**3** palette
4 sketchbook	**5** crayon	**6** colored paper

 참고 표현 '~의 것'이라는 뜻을 가지는 단어들을 알아봐요.
• mine 나의 것   yours 너의 것   his 그의 것   hers 그녀의 것   ours 우리의 것   theirs 그들의 것

❶ 이것은 누구의 붓이니? ➡ Whose ▢ is this?

✎ _____

❷ 이것은 누구의 색연필이니? ➡ ▢ colored pencil is this?

✎ _____

❸ 이것은 누구의 팔레트니? ➡ Whose ▢ is this?

✎ _____

❹ 이것은 누구의 스케치북이니? ➡ Whose ▢ is this?

✎ _____

❺ 이것은 누구의 크레용이니? ➡ Whose ▢ is this?

✎ _____

❻ 그것은 톰의 것이야. ➡ It's ▢.

✎ _____

Quiz 잘 듣고 빈칸을 채워 대화를 완성하세요. 084.mp3

❶ A: _____ paintbrush is this?

B: It's _____.

❷ A: Whose _____
is _____?

B: _____ mine.

Review Test

A 그림에 해당하는 알맞은 단어를 찾아 동그라미 하세요.

1 shy : kind

2 pencil : palette

3 freckles : dimples

4 long : short

5 crayon : paintbrush

6 active : jealous

B 다음 대화를 완성하는 표현에 동그라미 하세요.

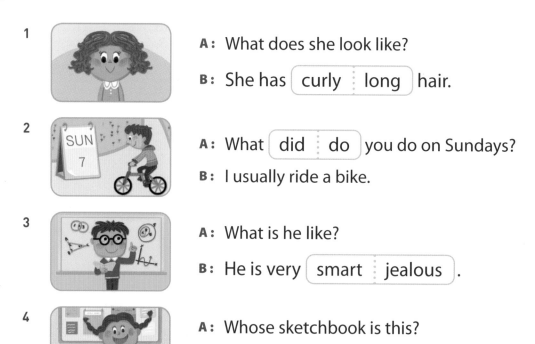

1
A : What does she look like?
B : She has curly : long hair.

2
A : What did : do you do on Sundays?
B : I usually ride a bike.

3
A : What is he like?
B : He is very smart : jealous .

4
A : Whose sketchbook is this?
B : It's Jane : Jane's .

C 대화를 완성하는 알맞은 문장을 찾아 빈칸에 쓰세요.

ⓐ It's Anna's.　　　　ⓑ He is very shy.
ⓒ She has freckles.　　ⓓ I usually bake cookies.

What does she look like?

1 _____

Whose colored pencil is this?

2 _____

What do you do on Sundays?

3 _____

What is he like?

4 _____

D 다음 우리말에 알맞은 문장을 완성하세요.

1 그 여자애는 어떻게 생겼어?　like does What she look ?

_____

2 나는 보통 도서관에 가.　to I usually library go the .

_____

3 이것은 누구의 색종이니?　colored paper this Whose is ?

_____

사물들(여러 개의 바나나 또는 딸기 등)이 있는지 상대방에게 물어볼 때는 Are there ~?이라는 표현을 사용해요. 묻는 사물들이 있다면 Yes, there are.로 답하고, 없다면 No, there aren't.로 답해요. '탁자에 바나나가 있니?'라는 질문은 Are there bananas on the table?이에요.

1 Listen and Speak 원어민의 음성을 잘 듣고 따라 말하세요. `085.mp3`

A: Are there ___bananas___ on the table? 탁자에 바나나가 있니?

B: Yes, there are. / No, there aren't. 네, 있어요. / 아니요, 없어요.

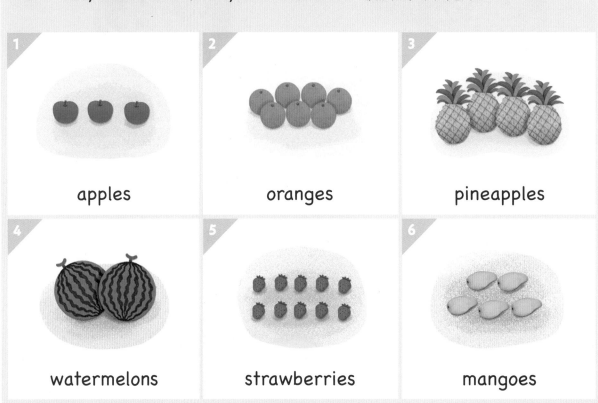

1 apples	**2** oranges	**3** pineapples
4 watermelons	**5** strawberries	**6** mangoes

 질문하는 사물의 개수가 한 개라면 Is there a/an ~?으로 물어요.
• A: Is there an apple? 사과가 한 개 있니?
  B: Yes, there is. 응, 있어. / No, there isn't. 아니, 없어.

❶ 탁자에 바나나가 있니?   ➡ Are there _____ on the table?

✏ _____

❷ 탁자에 파인애플이 있니?   ➡ Are there _____ on the table?

✏ _____

❸ 탁자에 오렌지가 있니?   ➡ Are there _____ on the table?

✏ _____

❹ 탁자에 수박이 있니?   ➡ Are there _____ on the table?

✏ _____

❺ 네, 있어요.   ➡ Yes, _____ are.

✏ _____

❻ 아니요, 없어요.   ➡ No, there _____.

✏ _____

Quiz 🔊   잘 듣고 빈칸을 채워 대화를 완성하세요.   087.mp3

❶ **A:** _____ there mangoes on the table?

   B: No, there _____.

❷ **A:** Are there _____ on the _____?

   B: _____, _____ are.

30 가격 묻고 답하기

스웨터의 가격을 물을 때는 How much is this sweater?라고 해요. '이 스웨터는 얼마예요?'라는 뜻이지요. 대답은 It's 뒤에 가격을 나타내는 ten dollars 또는 twenty dollars 등을 넣어서 답해요. 바지(pants)의 가격을 물을 때는 How much are these pants?라고 묻고, They are 뒤에 가격을 넣어 답해요.

How much is this sweater?

It's ten dollars.

1 Listen and Speak 원어민의 음성을 잘 듣고 따라 말하세요. 088.mp3

A: How much is this ___sweater___? 이 스웨터는 얼마예요?

B: It's ten dollars. 10달러예요.

1	2	3
T-shirt	skirt	dress

4	5	6
jacket	raincoat	swimsuit

 옷 가게에서 쓸 수 있는 다른 표현들을 알아봐요.
· Can I try this on? 이거 입어봐도 될까요?
· I'll take it, please. 이걸로 할게요.

❶ 이 스웨터는 얼마예요? ➡ [____] much is this sweater?

✎ _____

❷ 이 티셔츠는 얼마예요? ➡ How [____] is this T-shirt?

✎ _____

❸ 이 재킷은 얼마예요? ➡ How much is this [____]?

✎ _____

❹ 이 우비는 얼마예요? ➡ How much is this [____]?

✎ _____

❺ 이 수영복은 얼마예요? ➡ How much is this [____]?

✎ _____

❻ 10달러예요. ➡ It's [____] dollars.

✎ _____

Quiz 잘 듣고 빈칸을 채워 대화를 완성하세요. 090.mp3

❶ A: _____ _____ is this skirt?

B: It's _____ dollars.

❷ A: How _____ is this

_____?

B: It's _____ dollars.

87

31 하고 싶은 일 묻고 답하기

상대방에게 무엇을 하고 싶은지 물어볼 때는 What do you want to do?라고 해요. 대답은 I want to 뒤에 자신이 하고 싶은 일을 넣어 답하면 돼요. 놀이공원에 가고 싶다면 I want to go to an amusement park.라고 말해요.

What do you want to do?

I want to go to an amusement park.

1 **Listen and Speak** 원어민의 음성을 잘 듣고 따라 말하세요. 091.mp3

A : What do you want to do? 너는 무엇을 하고 싶니?

B : I want to ___go to an amusement park___. 나는 놀이공원에 가고 싶어.

1 go to the zoo

2 go to a concert

3 go to a museum

4 go shopping

5 see a movie

6 have a dog

참고 표현 상대방이 하고 싶은 일을 좀 더 구체적으로 물어볼 때는 Which ~ do you want to …?라는 표현을 쓸 수 있어요.
· Which movie do you want to see? 무슨 영화를 보고 싶어?
· Which book do you want to buy? 무슨 책을 사고 싶어?

❶ 너는 무엇을 하고 싶니?   ➡ _____ do you want to do?

✏ _____

❷ 나는 놀이공원에 가고 싶어.   ➡ I _____ to go to an amusement park.

✏ _____

❸ 나는 동물원에 가고 싶어.   ➡ I want to go to the _____.

✏ _____

❹ 나는 박물관에 가고 싶어.   ➡ I want to go to a _____.

✏ _____

❺ 나는 쇼핑하러 가고 싶어.   ➡ I want to go _____.

✏ _____

❻ 나는 영화 보고 싶어.   ➡ I want to see a _____.

✏ _____

Quiz 🔊 잘 듣고 빈칸을 채워 대화를 완성하세요. 093.mp3

❶ A: _____ do you want to do?

B: I want to have a _____.

❷ A: _____ do you _____ to do?

B: I want to go to a _____.

32 걱정 표현하고 격려하기

I'm worried about the English test.

Don't worry.

친구가 I'm worried about the English test.(나는 영어 시험이 걱정돼.)라고 걱정하고 있을 때 어떻게 격려하면 좋을까요? Don't worry.라고 말하고 친구의 어깨를 두드려 보세요. 친구의 기분도 한결 좋아지고 그걸 보는 자신의 기분까지 좋아질 거예요.

1 Listen and Speak 원어민의 음성을 잘 듣고 따라 말하세요. 094.mp3

A : I'm worried about ___the English test___. 나는 영어 시험이 걱정돼.

B : Don't worry. 걱정하지 마.

1 the race

2 the election

3 the soccer game

4 the talent show

5 my grades

6 my presentation

 참고 표현 걱정하는 상대방을 격려하는 다른 표현들을 알아봐요.

• Don't give up. 포기하지 마.   You'll do fine. 넌 잘 할 거야.   Try not to worry. 걱정하지 마.

❶ 나는 영어 시험이 걱정돼. ➡ I'm ⬚⬚⬚⬚ about the English test.

🖉 _____

❷ 나는 장기 자랑이 걱정돼. ➡ I'm worried ⬚⬚⬚ the talent show.

🖉 _____

❸ 나는 성적이 걱정돼. ➡ I'm worried about my ⬚⬚⬚.

🖉 _____

❹ 나는 발표가 걱정돼. ➡ I'm worried about my ⬚⬚⬚.

🖉 _____

❺ 나는 축구 경기가 걱정돼. ➡ I'm worried about the ⬚⬚⬚ game.

🖉 _____

❻ 걱정하지 마. ➡ ⬚⬚⬚ worry.

🖉 _____

Quiz 🔊 잘 듣고 빈칸을 채워 대화를 완성하세요. 096.mp3

❶ A: I'm _____ about the race.

B: _____ worry.

❷ A: I'm _____ about my _____.

B: You'll do _____.

91

Review Test

A 단어에 해당하는 그림을 찾아 빈칸에 쓰세요.

1 zoo ⬜

2 race ⬜

3 dress ⬜

4 jacket ⬜

5 oranges ⬜

6 watermelons ⬜

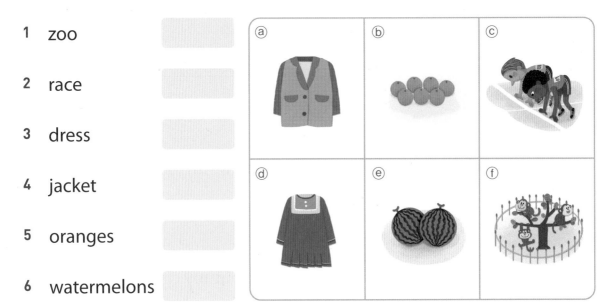

ⓐ ⓑ ⓒ

ⓓ ⓔ ⓕ

B 다음 대화를 완성하는 표현에 동그라미 하세요.

1

A : How much is this ⎡ skirt ⋮ raincoat ⎤ ?

B : It's twenty dollars.

2

A : ⎡ Is ⋮ Are ⎤ there apples on the table?

B : No, there aren't.

3

A : What do you want to do?

B : I want to go to a ⎡ concert ⋮ museum ⎤ .

4

A : I'm worried about ⎡ the race ⋮ the election ⎤ .

B : Don't worry.

92

C 대화를 완성하는 알맞은 문장을 찾아 빈칸에 쓰세요.

ⓐ Don't worry.　　　　ⓑ Yes, there are.
ⓒ It's twenty dollars.　　ⓓ I want to go shopping.

Are there strawberries on the table?

1 _____

What do you want to do?

2 _____

I'm worried about my presentation.

3 _____

How much is this swimsuit?

4 _____

D 다음 우리말에 알맞은 문장을 완성하세요.

1 탁자에 바나나가 있니?　| bananas | on | Are | there | table | the | ? |

_____

2 이 치마는 얼마예요?　| this | much | is | skirt | How | ? |

_____

3 나는 박물관에 가고 싶어.　| to | museum | I | to | a | go | want | . |

_____

"제가 도와드릴까요?" 하고 상대방에게 도움을 주고자 할 때는 Can I help you?라고 말해요. 상대방의 도움을 받고자 한다면 Yes, please.라고 답하고, 거절한다면 No, thanks.로 답해요.

Yes, please.

Can I help you?

1 Listen and Speak 원어민의 음성을 잘 듣고 따라 말하세요. 097.mp3

A : **Mom, can I help you?** 엄마, 제가 도와드릴까요?

B : **Yes, please. ___Peel___ the potatoes for me.** 응. 그래. 감자를 깎아 주렴.

1 Chop	2 Slice	3 Roast
4 Fry	5 Steam	6 Microwave

 참고 표현 상대방에게 도움을 제안할 때 쓸 수 있는 다른 표현들을 알아봐요.
- Let me help you. 제가 도와드릴게요.
- Can I give you a hand? 제가 도와드릴까요?

❶ 제가 도와드릴까요? ➡ [   ] I help you?

✏ _____

❷ 네, 도와주세요. ➡ Yes, [   ].

✏ _____

❸ 감자를 깎아 주세요. ➡ [   ] the potatoes for me.

✏ _____

❹ 감자를 썰어 주세요. ➡ Chop the [   ] for me.

✏ _____

❺ 감자를 쪄 주세요. ➡ [   ] the potatoes for me.

✏ _____

❻ 감자를 튀겨 주세요. ➡ [   ] the potatoes for me.

✏ _____

Quiz 잘 듣고 빈칸을 채워 대화를 완성하세요. 099.mp3

❶ A: Dad, _____ I help you?

B: Yes, please. _____ the potatoes for me.

❷ A: Mom, _____ I _____ you?

B: ____, _____.

95

34 길 묻고 답하기

How do I get to the hospital?

Turn left at the corner.

낯선 이에게 길을 물어볼 때는 먼저 Excuse me.라고 말한 후에 How do I get to ~?라는 표현을 써서, 가고자 하는 장소를 물어요. 대답은 go straight(곧장 가다), turn left(왼쪽으로 돌다), turn right(오른쪽으로 돌다) 등의 표현을 사용해서 말해요.

1 Listen and Speak 원어민의 음성을 잘 듣고 따라 말하세요. 100.mp3

A : Excuse me. How do I get to the __hospital__ ? 실례합니다.
병원에 어떻게 가나요?

B : __Turn left at the corner__ . It's on your right. 모퉁이에서 왼쪽으로 도세요.
당신의 오른쪽에 있어요.

Walk two blocks.

school

Go straight.

bank

Turn right at the corner.

post office

Turn left at the corner.

hospital

참고 표현 길을 물어볼 때 쓸 수 있는 다른 표현들을 알아봐요.
• Where is the hospital? 병원은 어디에 있나요?
• Could you show me the way to the hospital? 병원 가는 길을 알려주실 수 있나요?

❶ 실례합니다. ➡ _____ me.

✏ _____

❷ 병원에 어떻게 가나요? ➡ _____ do I get to the hospital?

✏ _____

❸ 곧장 가세요. ➡ Go _____.

✏ _____

❹ 두 블록 걸어 가세요. ➡ _____ two blocks.

✏ _____

❺ 당신의 왼쪽에 있어요. ➡ It's on your _____.

✏ _____

❻ 모퉁이에서 왼쪽으로 도세요. ➡ _____ left at the corner.

✏ _____

Quiz 🔊 잘 듣고 빈칸을 채워 대화를 완성하세요. 102.mp3

A: _____ me. _____ do I get to the _____?

B: _____ two blocks. It's on your _____.

35 지난 일 묻고 답하기

친구에게 어제 무슨 일을 했는지 물어볼 때는 What did you do yesterday?라고 해요. '~하러 갔다'라고 답하려면 과거 표현 I went 뒤에 fishing(낚시하기), hiking(등산하기), skiing(스키 타기) 등을 넣어 말해요.

What did you do yesterday?

I went swimming.

1 Listen and Speak 원어민의 음성을 잘 듣고 따라 말하세요. 103.mp3

A : **What did you do yesterday?** 너는 어제 뭐했니?

B : **I went ___swimming___.** 나는 수영하러 갔어.

hiking	skiing	fishing

jogging	camping	inline skating

 참고 표현 과거 시간을 나타내는 여러 표현들을 알아봐요.
- yesterday 어제   last night 지난밤   last week 지난주
- last month 지난달   last year 지난해   last Thursday 지난 목요일

98

❶ 너는 어제 뭐했니?　　　　　　　➡ 　　　　　 did you do yesterday?

✎ _____

❷ 너는 지난주에 뭐했니?　　　　　➡ What did you do last 　　　　　?

✎ _____

❸ 나는 수영하러 갔었어.　　　　　➡ I 　　　　　 swimming.

✎ _____

❹ 나는 하이킹하러 갔었어.　　　　➡ I went 　　　　　.

✎ _____

❺ 나는 스키 타러 갔었어.　　　　　➡ I went 　　　　　.

✎ _____

❻ 나는 낚시하러 갔었어.　　　　　➡ I went 　　　　　.

✎ _____

Quiz 잘 듣고 빈칸을 채워 대화를 완성하세요. 105.mp3

A: _____ did you do _____ _____?

B: I _____ _____ with my family. It was fun.

36 경험 묻고 답하기

방학을 보낸 후, 오랜만에 만난 선생님과 안부 인사를 나눠요. 지난 경험에 대한 느낌을 물을 때는 How was ~?라는 표현을 써서 물어볼 수 있어요. 대답은 It was 뒤에 fun, great, amazing, fantastic 등과 같은 감상을 나타내는 단어를 넣어서 말해요.

How was your vacation?

It was fun.

1 Listen and Speak 원어민의 음성을 잘 듣고 따라 말하세요. 106.mp3

A: How was your ____vacation____? 너의 방학은 어땠니?

B: It was ___fun___. 재미있었어요.

1 weekend really good	**2** date great	**3** Christmas amazing
4 holiday so boring	**5** trip terrible	**6** Chuseok fantastic

참고 표현 과거 경험에 대해 더 자세한 내용을 묻고 싶을 때 쓸 수 있는 표현들을 알아봐요.
• Who did you go with? 누구랑 갔어?
• What did you do there? 거기서 무엇을 했어?

❶ 너의 방학은 어땠어?　　　　➡ _____ was your vacation?

✎

❷ 너의 주말은 어땠어?　　　　➡ How _____ your weekend?

✎

❸ 너의 휴일은 어땠어?　　　　➡ How was your _____?

✎

❹ 재미있었어.　　　　➡ It was _____.

✎

❺ 굉장했어.　　　　➡ It was _____.

✎

❻ 너무 지루했어.　　　　➡ It was so _____.

✎

Quiz 잘 듣고 빈칸을 채워 대화를 완성하세요. 108.mp3

❶ A: _____ was your weekend?

B: It was really _____.

❷ A: _____ was your _____?

B: It was so _____.

Review Test

 그림에 해당하는 알맞은 단어를 찾아 연결하세요.

1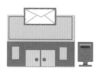

steam

skiing

hiking

camping

hospital

post office

4

2

5

3

6

B 다음 대화를 완성하는 표현에 동그라미 하세요.

1

A : Can I   help : to help   you?

B : Yes, please.

2

A : What did you do yesterday?

B : I went   jogging : fishing .

3

A :   Where : How   do I get to the school?

B : Walk two blocks. It's on your right.

4

A : How was your vacation?

B : It was   terrible : fantastic .

C 대화를 완성하는 알맞은 문장을 찾아 빈칸에 쓰세요.

ⓐ It was really good. ⓑ Turn right at the corner. It's on your left.
ⓒ I went inline skating. ⓓ Yes, please. Microwave the potatoes for me.

What did you do yesterday?

1 _____

How was your trip?

2 _____

Can I help you?

3 _____

How do I get to the hospital?

4 _____

D 다음 우리말에 알맞은 문장을 완성하세요.

1 제가 도와드릴까요? I Can you help ?

_____

2 우체국에 어떻게 가나요? I get How post office do the to ?

_____

3 너의 주말은 어땠어? weekend was your How ?

_____

37 전화 대화하기

전화를 걸어 통화하고 싶은 사람을 바꿔달라고 할 때, Can I speak to (이름), please?라고 말하면 돼요. 전화를 받았을 때, 상대방이 찾는 사람이 '나'라면 '저예요.'라는 뜻의 Speaking. 또는 This is she/he speaking.이라고 말하면 돼요.

1 Listen and Speak
원어민의 음성을 잘 듣고 따라 말하세요. 109.mp3

A : Can I speak to Sujin, please? 수진이와 통화할 수 있나요?

B : __Speaking__ . 제가 수진이에요. (저예요.)

1 This is she speaking.

2 Hold on, please.

3 She's not at home.

4 Who's calling, please?

5 You have the wrong number.

6 She is on another line.

 통화하고 싶은 사람을 바꿔달라고 할 때, Can I speak to (이름), please? 또는 May I speak to (이름), please? / Is (이름) there?라는 표현을 써요.

❶ 수진이와 통화할 수 있나요?   ➡ Can I [____] to Sujin, please?

✏ _____

❷ 제가 그녀예요.   ➡ This is she [____].

✏ _____

❸ 집에 없어요.   ➡ She's [____] at home.

✏ _____

❹ 전화하신 분은 누구세요?   ➡ Who's [____], please?

✏ _____

❺ 전화 잘못 거셨어요.   ➡ You have the [____] number.

✏ _____

❻ 잠시만 기다리세요.   ➡ [____] on, please.

✏ _____

Quiz 🔊   잘 듣고 빈칸을 채워 대화를 완성하세요.   111.mp3

❶ A: Can I _____ to Olivia?

    B: She's _____ at _____.

❷ A: _____ I _____ to Ben?

    B: _____.

38 생각 묻고 답하기

수영이 정말 재미있다고 말하면서 "네 생각은 어때?" 하고 상대방의 의견을 물어보고 있어요. 자신의 생각에 대해 상대방이 동의하는지를 물어볼 때는 What do you think?라고 해요. 긍정의 대답은 I think so.라고 하고, 부정의 대답은 I don't think so.라고 말해요.

Swimming is fun. What do you think?

I think so.

1 Listen and Speak   원어민의 음성을 잘 듣고 따라 말하세요. 112.mp3

A: _____Swimming_____ is fun. What do you think? 수영은 재미있어. 넌 어떻게 생각해?

B: I think so. / I don't think so. 나도 그렇게 생각해. / 나는 그렇게 생각하지 않아.

1 Running

2 Jogging

3 Cooking

4 Inline skating

5 Playing computer games

6 Playing Go

참고 표현 상대방 생각에 동의하거나 동의하지 않는 표현을 좀 더 알아봐요.
· 동의하는 표현: I agree with you. 네 말에 동의해.
· 동의하지 않는 표현: I don't agree with you. 네 말에 동의하지 않아.

2 Read and Write — 빈칸에 알맞은 단어를 써 넣어 문장을 완성하고, 문장 전체를 따라 쓰세요. 113.mp3

❶ 수영은 재미있어.　　➡　_____ is fun.

✏

❷ 너는 어떻게 생각해?　　➡　_____ do you think?

✏

❸ 조깅은 재미있어.　　➡　_____ is fun.

✏

❹ 요리는 재미있어.　　➡　_____ is fun.

✏

❺ 나도 그렇게 생각해.　　➡　I _____ so.

✏

❻ 나는 그렇게 생각하지 않아.　　➡　I _____ think so.

✏

Quiz — 잘 듣고 빈칸을 채워 대화를 완성하세요. 114.mp3

A: _____ is fun. _____ do you _____?

B: I _____ _____ so. It's boring.

39 | 철자 묻고 답하기

단어의 철자가 궁금할 때는 How do you spell ~? 이라는 표현을 사용해요. '벨기에'라는 나라의 철자를 모를 때는 How do you spell Belgium?이라고 묻고, 상대방 '성'의 철자를 물어볼 때는 How do you spell your last name?이라고 하면 돼요.

> How do you spell "Belgium"?
>
> It's B-e-l-g-i-u-m.

1 Listen and Speak 원어민의 음성을 잘 듣고 따라 말하세요. 115.mp3

A : How do you spell " ___Belgium___ "? 벨기에의 철자가 어떻게 되니?

B : It's ___B-e-l-g-i-u-m___ . B-e-l-g-i-u-m이에요.

1 New York  N-e-w Y-o-r-k	**2** London  L-o-n-d-o-n

1 New York

N-e-w Y-o-r-k

2 London

L-o-n-d-o-n

3 Holland
H-o-l-l-a-n-d

4 Switzerland

S-w-i-t-z-e-r-l-a-n-d

5 Australia

A-u-s-t-r-a-l-i-a

6 France

F-r-a-n-c-e

 참고 표현
- How do you spell your name? 당신의 이름은 철자가 어떻게 되나요?
- How do you spell your last name? 당신의 성은 철자가 어떻게 되나요?

108

2 Read and Write 빈칸에 알맞은 단어를 써 넣어 문장을 완성하고, 문장 전체를 따라 쓰세요. `116.mp3`

❶ 벨기에의 철자가 어떻게 되나요? ➡ [_____] do you spell "Belgium"?

✎ _____

❷ 네덜란드의 철자가 어떻게 되나요? ➡ How [____] you spell "Holland"?

✎ _____

❸ 스위스의 철자가 어떻게 되나요? ➡ How do you [_____] "Switzerland"?

✎ _____

❹ 호주의 철자가 어떻게 되나요? ➡ How do you spell "[_____]"?

✎ _____

❺ 프랑스의 철자가 어떻게 되나요? ➡ How do you spell "[_____]"?

✎ _____

❻ A-u-s-t-r-a-l-i-a예요. ➡ [_____] A-u-s-t-r-a-l-i-a.

✎ _____

Quiz 🔊 잘 듣고 빈칸을 채워 대화를 완성하세요. `117.mp3`

❶ A: _____ do you _____ "France"?

B: It's F-r-a-n-c-e.

❷ A: How _____ _____ spell "_____"?

B: It's A-u-s-t-r-a-l-i-a.

40 미래의 계획 묻고 답하기

미래의 일을 말할 때는 '~할 것이다'라는 뜻의 will을 써서 말할 수 있어요. What will you do tomorrow? 는 '너는 내일 뭐 할 거니?'라는 뜻이에요. 대답은 I'll 다음에 visit, go, play 등을 넣어 답해요. I'll은 I will 의 줄임말이에요.

1 Listen and Speak 원어민의 음성을 잘 듣고 따라 말하세요. 118.mp3

A : What will you do tomorrow? 너는 내일 뭐 할 거니?

B : I'll ___visit my grandparents___. 나는 조부모님을 찾아뵐 거야.

 go to the zoo	 go on a picnic	 go to a movie
 play tennis	 practice the piano	 climb a mountain

 참고 표현 미래의 일을 말할 때 쓰는 will은 be(am/are/is) going to로 바꿔 쓸 수 있어요.
· What **will** you do tomorrow? 너는 내일 뭐 할 거니?
= What **are** you **going to** do tomorrow?

❶ 너는 내일 뭐 할 거니?   ➡ What _____ you do tomorrow?

✏ _____

❷ 나는 조부모님을 찾아뵐 거야.   ➡ _____ visit my grandparents.

✏ _____

❸ 나는 소풍을 갈 거야.   ➡ I'll go on a _____.

✏ _____

❹ 나는 영화 보러 갈 거야.   ➡ I'll go to a _____.

✏ _____

❺ 나는 피아노를 연습할 거야.   ➡ I'll _____ the piano.

✏ _____

❻ 나는 등산을 할 거야.   ➡ I'll _____ a mountain.

✏ _____

Quiz 🔊 잘 듣고 빈칸을 채워 대화를 완성하세요. 120.mp3

A: Peter, _____ will you _____ tomorrow?

B: I'll _____ _____ a _____ with my family.

Review Test

A 그림을 보고, 빈칸을 채워 단어를 완성하세요.

1 Swi__ze__land

2 jo__gi__g

3 Fra__ce

4 m__unt__in

5 m__vi__

6 pi__n__c

B 다음 대화를 완성하는 표현에 동그라미 하세요.

1 A : Can I [speak : tell] to Minsu, please?
   B : Speaking.

2 A : [What : How] do you spell "France"?
   B : It's F-r-a-n-c-e.

3 A : What will you do tomorrow?
   B : I'll go to the [school : zoo] .

4 A : Playing go is fun. What do you think?
   B : [I think so. : I don't think so.]

C 대화를 완성하는 알맞은 문장을 찾아 빈칸에 쓰세요.

ⓐ I don't think so.
ⓑ It's A-u-s-t-r-a-l-i-a.
ⓒ He's not at home.
ⓓ I'll go on a picnic.

How do you spell "Australia"?

1

Can I speak to Joe, please?

2

What will you do tomorrow?

3

Playing computer games is fun. What do you think?

4

D 다음 우리말에 알맞은 문장을 완성하세요.

1 너의 생각은 어때? do   What   think   you   ?

2 전화 잘못 거셨어요. have   wrong   the   number   You   .

3 나는 등산을 할 거야. a   I   climb   will   mountain   .

길벗스쿨 e클래스
eclass.gilbut.co.kr

바로 듣기

영어 대화에 자신만만해지는
초강력 표현들을 뽑았어.

영어 교과서에서
뽑은

고급 표현
41~52

41 해야 할 일 말하기

You have to do your homework.

Okay.

상대방이 반드시 해야 할 일을 말할 때는 You have to ~.로 말해요. 엄마가 아이에게 숙제를 해야 한다고 말하는 경우 You have to do your homework.라고 하면 돼요. 이렇게 꼭 해야 하는 의무에 대해 이야기 할 때는 have to를 써서 말해요.

1 Listen and Speak 원어민의 음성을 잘 듣고 따라 말하세요. 121.mp3

A : You have to ___do your homework___ . 너는 숙제를 해야 해.

B : Okay. 알았어요.

get some rest

see a doctor

clean your room

wait in line

wear a seat belt

return books on time

 참고 표현 의무적으로 꼭 해야 하는 일을 말할 때 쓰는 have to는 must로 바꿔 쓸 수 있어요.
- You **have to** do your homework. 너는 숙제를 해야 해.
  = You **must** do your homework.

❶ 너는 숙제를 해야 해.　　➡ You ⬜⬜ to do your homework.

✏️ _____

❷ 너는 병원에 가봐야 해.　　➡ You have to see a ⬜⬜.

✏️ _____

❸ 너는 안전띠를 매야 해.　　➡ You have to ⬜⬜ a seat belt.

✏️ _____

❹ 너는 제때에 책을 반납해야 해.　　➡ You have to ⬜⬜ books on time.

✏️ _____

❺ 너는 줄을 서서 기다려야 해.　　➡ You have to ⬜⬜ in line.

✏️ _____

❻ 너는 휴식을 취해야 해.　　➡ You have to get some ⬜⬜.

✏️ _____

Quiz 🔊 잘 듣고 빈칸을 채워 대화를 완성하세요. `123.mp3`

❶ A: You _____ to _____ your room.

B: _____, mom.

❷ A: You have to _____ a _____.

B: _____, dad.

42 초대하기

상대방을 초대할 때에는 Can you come to ~? 라는 표현을 써요. 친구에게 내 생일 파티에 올 수 있는지 물어볼 때는 Can you come to my birthday party?라고 해요. 초대에 응한다면 Yes, I can. 또는 Sure.라고 말하고, 거절한다면 Sorry, I can't.라고 말해요.

1 Listen and Speak 원어민의 음성을 잘 듣고 따라 말하세요. 124.mp3

A : Can you come to ___my birthday party___ ? 내 생일 파티에 올 수 있어?

B : Yes, I can. / Sorry, I can't. 응, 갈 수 있어. / 미안하지만, 갈 수 없어.

1 a pajama party

2 a costume party

3 a pool party

4 a tea party

5 a potluck party

6 a Thanksgiving party

참고 표현 Can you come to ~? 대신에 Will you come to ~?를 써서 상대방을 초대하는 말을 할 수 있어요.
• Can you come to my birthday party? 내 생일 파티에 올 수 있어?
  = Will you come to my birthday party?

❶ 내 생일 파티에 올 수 있어?   ➡ Can you come to my birthday _____ ?

❷ 파자마 파티에 올 수 있어?   ➡ _____ you come to a pajama party?

❸ 티 파티에 올 수 있어?   ➡ Can you _____ to a tea party?

❹ 포틀럭 파티에 올 수 있어?   ➡ Can you come to a _____ party?

❺ 응, 갈 수 있어.   ➡ Yes, I _____ .

❻ 미안하지만, 갈 수 없어.   ➡ Sorry, I _____ .

* Potluck Party(포틀럭 파티): 파티를 여는 사람은 간단한 메인 메뉴만 준비하고, 참석자들이 각자 취향에 따라 요리나 음료를 가지고 와서 즐기는 미국·캐나다식 파티 문화

Quiz 🔊   잘 듣고 빈칸을 채워 대화를 완성하세요.   126.mp3

A: _____ you come to a _____ _____ ?

B: _____ , I _____ . I have to see a doctor.

43 증상 묻고 답하기

상대방의 상태나 기분이 안 좋아 보일 때 What's the matter?라는 표현을 써서 무슨 일이 있는지 물어볼 수 있어요. 대답은 I have 뒤에 증상을 나타내는 단어 a cold(감기), a sore throat(아픈 목), a fever(열), a headache(두통) 등을 넣어서 말해요.

What's the matter?

I have a headache.

1 **Listen and Speak** 원어민의 음성을 잘 듣고 따라 말하세요. 127.mp3

A : **What's the matter?** 무슨 일이니?

B : **I have** _____a headache_____ **.** 두통이 있어. (머리가 아파.)

a cold

a fever

a sore throat

a runny nose

a toothache

an earache

 참고 표현 상대방에게 가벼운 충고나 조언을 할 때는 You should ~.라는 표현을 써요.
· You should go and see a doctor. 병원에 가 보는 게 좋겠어요.
· You should take some medicine. 약을 먹는 게 좋겠어요.

빈칸에 알맞은 단어를 써 넣어 문장을 완성하고, 문장 전체를 따라 쓰세요. 128.mp3

❶ 무슨 일이니? ➡ What's the _____ ?

✎ _____

❷ 머리가 아파. ➡ I _____ a headache.

✎ _____

❸ 목이 아파. ➡ I have a sore _____ .

✎ _____

❹ 이가 아파. ➡ I have a _____ .

✎ _____

❺ 귀가 아파. ➡ I have an _____ .

✎ _____

❻ 열이 나. ➡ I have a _____ .

✎ _____

Quiz 🔊 잘 듣고 빈칸을 채워 대화를 완성하세요. 129.mp3

❶ A: _____ the matter?

B: I _____ a sore throat.

❷ A: What's the _____ ?

B: I have a _____ .

44 음식 주문하기

음식점에서 손님에게 주문을 받을 때 May I take your order?라고 물어요. 대답은 I'd like 뒤에 주문하려는 음식 이름을 넣어서 말하면 돼요. 아이스크림을 주문한다면 I'd like an ice cream. 또는 간단하게 An ice cream, please.라고 해요.

May I take your order?

Yes, I'd like an ice cream.

1 Listen and Speak
원어민의 음성을 잘 듣고 따라 말하세요. 130.mp3

A : Hi. May I take your order? 안녕하세요. 주문하시겠어요?

B : Yes, I'd like ___an ice cream___ . 네, 아이스크림 하나 주세요.

1  a hamburger	2  a sandwich	3  a kebab
4  a chicken salad	5  French fries	6  onion rings

참고 표현 음식을 주문 받을 때 쓸 수 있는 다른 표현들을 알아봐요.
- May I take your order? 주문하시겠어요?
= Are you ready to order? = Would you like to order?

❶ 주문하시겠어요?

➡ May I take your _____ ?

✏ _____

❷ 네, 아이스크림 하나 주세요.

➡ Yes, I'd _____ an ice cream.

✏ _____

❸ 샌드위치 하나 주세요.

➡ I'd like a _____ .

✏ _____

❹ 케밥 하나 주세요.

➡ I'd like a _____ .

✏ _____

❺ 치킨 샐러드 주세요.

➡ I'd like a chicken _____ .

✏ _____

❻ 주문하시겠어요?

➡ Are you _____ to order?

✏ _____

Quiz 🔊 잘 듣고 빈칸을 채워 대화를 완성하세요. 132.mp3

A: Hi. May I take your _____ ?

B: Yes. A _____ and some _____ rings, _____ .

Review Test

A 그림에 해당하는 알맞은 단어를 찾아 동그라미 하세요.

1 runny nose : fever

2 clean : wear

3 sandwich : kebab

4 tea : pool

5 headache : toothache

6 cold : earache

B 다음 대화를 완성하는 표현에 동그라미 하세요.

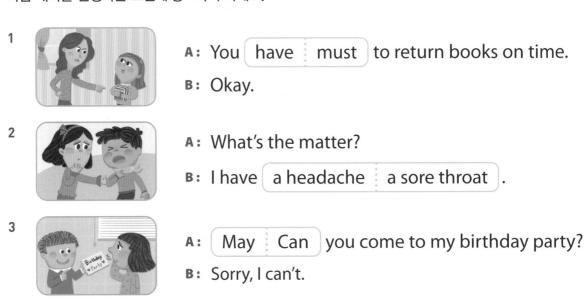

1 A : You have : must to return books on time.
   B : Okay.

2 A : What's the matter?
   B : I have a headache : a sore throat .

3 A : May : Can you come to my birthday party?
   B : Sorry, I can't.

4 A : Hi. May I take your order?
   B : Yes, I'd like a kebab : French fries .

C 대화를 완성하는 알맞은 문장을 찾아 빈칸에 쓰세요.

> ⓐ Okay.
> ⓒ Yes, I can.
> ⓑ I have a runny nose.
> ⓓ Yes, I'd like a chicken salad.

Can you come to a pajama party?

1

You have to clean your room.

2

May I take your order?

3

What's the matter?

4

D 다음 우리말에 알맞은 문장을 완성하세요.

1 무슨 일이니?   matter What's the ?

2 포틀럭 파티에 올 수 있어?   to you potluck party Can a come ?

3 주문하시겠어요?   your I take May order ?

45 일과 묻고 답하기

상대방의 일과에 대해 물을 때는 What time do you 뒤에 get up(일어나다), have breakfast(아침 식사를 하다) 등을 넣어 물어볼 수 있어요. '나는 7시에 일어나.'라고 답할 때는 I get up at 7 o'clock.이라고 해요. 이때 시간 표현은 주로 문장 끝에 와요.

What time do you go to school?

I go to school at 8 o'clock.

1 **Listen and Speak** 원어민의 음성을 잘 듣고 따라 말하세요. 133.mp3

A : What time do you ___go to school___ ? 너는 몇 시에 학교에 가니?

B : I ___go to school___ at ___8 o'clock___ . 나는 8시에 학교에 가.

1 get up

7 o'clock

2 have breakfast

7:30

3 have lunch

12 o'clock

4 do your[my] homework

5 o'clock

5 have dinner

6 o'clock

6 go to bed

9 o'clock

참고 표현 It's time to ~.라는 표현을 써서 '~할 시간이야.'라고 말해요.
- It's time to get up. 일어날 시간이야.
- It's time to go to bed. 잠잘 시간이야.

❶ 너는 몇 시에 학교에 가니? ➡ [____] time do you go to school?

✎ _____

❷ 나는 8시에 학교에 가. ➡ I [____] to school at 8 o'clock.

✎ _____

❸ 나는 12시에 점심을 먹어. ➡ I have [____] at 12 o'clock.

✎ _____

❹ 너는 몇 시에 숙제를 하니? ➡ What [____] do you do your homework?

✎ _____

❺ 나는 5시에 숙제를 해. ➡ I do my homework at 5 [____].

✎ _____

❻ 나는 9시에 잠을 자러 가. ➡ I go to [____] at 9 o'clock.

✎ _____

Quiz 잘 듣고 빈칸을 채워 대화를 완성하세요. 135.mp3

A: _____ _____ do you have _____?

B: I _____ dinner at 6 o'clock.

46 빈도수 묻고 답하기

어떤 일을 얼마나 자주 하는지 물을 때 How often ~? 이라는 표현을 써요. How often do you exercise? 는 얼마나 자주 운동을 하는지 물어보는 말이에요. 대답은 빈도를 나타내는 표현인 once a week(일주일에 한 번), twice a week(일주일에 두 번) 등을 넣어서 답해요.

How often do you exercise?

I exercise every day.

1 Listen and Speak 원어민의 음성을 잘 듣고 따라 말하세요. 136.mp3

A : How often do you exercise? 너는 얼마나 자주 운동을 하니?

B : I exercise _____every day_____ . 나는 매일 운동을 해.

1

twice a day

2

JANUARY

three times a week

3

JANUARY

once a month

4

JANUARY

twice a month

5

JANUARY

every weekend

6

JANUARY

every Sunday

 참고 표현 How often ~?이라는 표현을 일상생활에서 다양하게 사용해 보세요.
- How often do you eat hamburgers? 너는 얼마나 자주 햄버거를 먹니?
- How often do you brush your teeth? 너는 얼마나 자주 이를 닦니?

❶ 너는 얼마나 자주 운동을 하니? ➡ [   ] often do you exercise?

✎ _____

❷ 나는 매일 운동을 해. ➡ I [   ] every day.

✎ _____

❸ 나는 하루에 두 번 운동을 해. ➡ I exercise [   ] a day.

✎ _____

❹ 나는 한 달에 한 번 운동을 해. ➡ I exercise [   ] a month.

✎ _____

❺ 나는 일주일에 세 번 운동을 해. ➡ I exercise three [   ] a week.

✎ _____

❻ 나는 일요일마다 운동을 해. ➡ I exercise [   ] Sunday.

✎ _____

Quiz 잘 듣고 빈칸을 채워 대화를 완성하세요. `138.mp3`

❶ A: _____ often do you _____?

B: I exercise _____

_____.

❷ A: How _____ do you _____?

B: I exercise _____

____ _____.

과거 사실 묻고 답하기

과거에 있었던 일을 말할 때는 과거 동사를 써요. 어떤 일을 누가 했는지 물을 때는 앞에 Who를 써서, Who painted this picture?(누가 이 그림을 그렸니?)와 같이 물을 수 있어요. 과거를 나타내는 동사는 보통 끝에 -ed를 붙이지만, 불규칙하게 변하는 경우는 외워야 해요.

Who painted this picture?

James did.

1 Listen and Speak 원어민의 음성을 잘 듣고 따라 말하세요. 139.mp3

A: Who ___**painted this picture**___? 누가 이 그림을 그렸니?

B: James did. / Mary did. 제임스가 그렸어. / 메리가 그렸어.

opened the door

played the violin

kicked the ball

wrote this letter

made this robot

sent this present

 참고 표현 '~을 했다'라는 과거의 일을 나타내는 동사들을 알아봐요.

• paint – paint**ed** 그림을 그렸다 open – open**ed** 열었다 kick – kick**ed** 공을 찼다
• write – **wrote** 썼다 make – **made** 만들었다 send – **sent** 보냈다

2 Read and Write 빈칸에 알맞은 단어를 써 넣어 문장을 완성하고, 문장 전체를 따라 쓰세요. 140.mp3

❶ 누가 이 그림을 그렸니? ➡ _____ painted this picture?

✏ _____

❷ 누가 이 문을 열었니? ➡ Who _____ the door?

✏ _____

❸ 누가 바이올린을 연주했니? ➡ Who _____ the violin?

✏ _____

❹ 누가 이 로봇을 만들었니? ➡ Who _____ this robot?

✏ _____

❺ 누가 이 선물을 보냈니? ➡ Who _____ this present?

✏ _____

❻ 제임스가 했어. ➡ James _____.

✏ _____

Quiz 🔊 잘 듣고 빈칸을 채워 대화를 완성하세요. 141.mp3

❶ A: _____ wrote this _____?

  B: Emma _____.

❷ A: _____ _____ the ball?

  B: Jacob _____.

131

48 감정·상태의 이유 묻고 답하기

원인이나 이유를 물을 때는 Why ~?로 물어볼 수 있어요. 행복해 보이는 친구에게 왜 행복한지 물어볼 때는 Why are you happy?라고 해요. 대답은 Because I bought a new bike.(왜냐하면 새 자전거를 샀기 때문이야.)와 같이 '왜냐하면 ~때문이야.'라는 뜻의 Because를 문장 맨 앞에 넣어 말해요.

Why are you happy?

Because I bought a new bike.

1 Listen and Speak 원어민의 음성을 잘 듣고 따라 말하세요. 142.mp3

A : Why are you ____happy____? 너는 왜 행복하니?

B : Because ___I bought a new bike___. 왜냐하면 새 자전거를 샀기 때문이야.

1 happy

I got a new camera

2 sad

I lost my cell phone

4 tired

I stayed up late last night

5 upset

my sister broke my watch

참고 표현 '너는 왜 ~하니?'라는 뜻의 Why are you ~?로 물어볼 수 있는 다른 표현들을 알아봐요.
- Why are you so sad? 너는 왜 그렇게 슬프니?   Why are you so upset? 너는 왜 그렇게 화가 났니?
- Why are you crying? 너는 왜 울고 있니?   Why are you hiccuping? 너는 왜 딸꾹질하니?

❶ 너는 왜 행복하니? ➡ _____ are you happy?

✏ _____

❷ 왜냐하면 새 자전거를 샀기 때문이야. ➡ _____ I bought a new bike.

✏ _____

❸ 왜냐하면 새 카메라가 생겼기 때문이야. ➡ Because I got a new _____.

✏ _____

❹ 너는 왜 화가 났니? ➡ Why are you _____?

✏ _____

❺ 왜냐하면 여동생이 내 시계를 망가뜨렸기 때문이야. ➡ Because my sister _____ my watch.

✏ _____

❻ 너는 왜 피곤하니? ➡ Why are you _____?

✏ _____

Quiz 잘 듣고 빈칸을 채워 대화를 완성하세요. 144.mp3

A: _____ are you _____?

B: Because I _____ my _____ _____.

133

Review Test

A 단어에 해당하는 그림을 찾아 빈칸에 쓰세요.

1 letter

2 tired

3 robot

4 dinner

5 present

6 breakfast

B 다음 대화를 완성하는 표현에 동그라미 하세요.

1

A : (What : Why) are you happy?

B : Because I got a new watch .

2

A : (What : When) time do you get up?

B : I get up at 6 o'clock.

3

A : How often do you exercise?

B : I exercise (once : twice) a month .

4

A : (Who : What) wrote this letter?

B : Jane did.

C 대화를 완성하는 알맞은 문장을 찾아 빈칸에 쓰세요.

> ⓐ Sophia did.　　　　ⓑ I exercise every day.
> ⓒ I have dinner at 7 o'clock.　ⓓ Because my brother broke my camera.

Why are you upset?

1 _____

What time do you have dinner?

2 _____

How often do you exercise?

3 _____

Who opened the door?

4 _____

D 다음 우리말에 알맞은 문장을 완성하세요.

1 너는 얼마나 자주 운동을 하니?　| you | exercise | How | do | often | ? |

_____

_____

2 누가 바이올린을 연주했니?　| played | violin | Who | the | ? |

_____

_____

3 너는 왜 슬프니?　| you | Why | sad | are | ? |

_____

_____

49 비교하기

두 개의 대상을 비교할 때는 taller(더 키가 큰), bigger(더 큰), stronger(더 힘센) 등과 같이 형용사 뒤에 -er를 붙여서 말해요. 그 뒤에는 '~보다'라는 뜻의 than을 써요. 사물이나 동물을 비교할 때는 which를 써서 Which is taller?(어느 것이 더 키가 큰가요?)와 같이 질문해요.

Which is taller?

A giraffe is taller than a tiger.

1 **Listen and Speak** 원어민의 음성을 잘 듣고 따라 말하세요. 145.mp3

A : Which is ___taller___ ? 어느 것이 더 키가 큰가요?

B : **A giraffe** is ___taller___ than **a tiger**. 기린은 호랑이보다 키가 커요.

1 faster  A leopard / a zebra	**2** shorter  A tiger / a giraffe	**3** stronger  A lion / a monkey
4 bigger  A kangaroo / a rabbit	**5** heavier  An elephant / a mouse	**6** older  The bear / the deer

 참고 표현   • 비교 형용사: fast – fast**er** 더 빠른   heavy – heavi**er** 더 무거운   old – old**er** 더 나이 많은
사람을 비교할 때는 which 대신 who를 써서 Who is tall**er**?(누가 더 키가 큰가요?)와 같이 말해요.

❶ 어느 것이 더 키가 큰가요? ➡ _____ is taller?

✎ _____

❷ 기린은 호랑이보다 키가 커요. ➡ A giraffe is _____ than a tiger.

✎ _____

❸ 캥거루는 토끼보다 커요. ➡ A kangaroo is bigger _____ a rabbit.

✎ _____

❹ 사자는 원숭이보다 힘이 세요. ➡ A lion is stronger than a _____.

✎ _____

❺ 코끼리는 쥐보다 무거워요. ➡ An elephant is _____ than a mouse.

✎ _____

❻ 표범은 얼룩말보다 빨라요. ➡ A leopard is _____ than a zebra.

✎ _____

Quiz 잘 듣고 빈칸을 채워 대화를 완성하세요. 147.mp3

A: _____ is _____?

B: The _____ is _____ _____ the deer.

50 이유 묻고 답하기

상대방에게 왜 ~을 해야 하는지 그 이유를 물어볼 때는 Why should ~?라는 표현을 써요. should는 '~ 하는 게 좋겠다'는 의미로 쓰여요. '우리는 왜 종이를 재활용해야 하나요?'라고 묻고 싶으면 Why should we recycle paper?라고 말해요. 대답은 문장 맨 앞에 Because를 넣어 ~ 해야 하는 이유를 말하면 돼요.

Why should we recycle paper?

Because we can save our environment.

1 **Listen and Speak** 원어민의 음성을 잘 듣고 따라 말하세요. 148.mp3

A : Why should we recycle ___**paper**___ ? 우리는 왜 종이를 재활용해야 하나요?

B : Because we can save our environment. 왜냐하면 환경을 보호할 수 있기 때문이야.

 1	 2	 3
metal cans	glass bottles	plastic bottles
 4	 5	 6
food waste	tires	clothes

 must와 should는 의미가 달라요. Should는 '~ 하는 게 좋겠다'고 제안하는 거라면, must는 '~ 해야 한다'는 의무의 의미가 더 강해요.
- We **must** keep the law. 우리는 반드시 법을 지켜야 한다.
- We **should** keep our environment. 우리는 환경을 보호해야 한다.

2 Read and Write   빈칸에 알맞은 단어를 써 넣어 문장을 완성하고, 문장 전체를 따라 쓰세요.   149.mp3

❶ 우리는 왜 종이를 재활용해야
하나요?   ➡ Why should we recycle [   ] ?

🖊

❷ 우리는 왜 유리병을 재활용
해야 하나요?   ➡ Why [   ] we recycle glass bottles?

🖊

❸ 우리는 왜 플라스틱병을 재활용
해야 하나요?   ➡ Why should we [   ] plastic bottles?

🖊

❹ 우리는 왜 금속 캔을 재활용
해야 하나요?   ➡ Why should we recycle metal [   ] ?

🖊

❺ 왜냐하면 환경을 보호할 수 있기
때문이에요.   ➡ [   ] we can save our environment.

🖊

❻ 우리는 왜 타이어를 재활용
해야 하나요?   ➡ Why should we recycle [   ] ?

🖊

Quiz 🔊   잘 듣고 빈칸을 채워 대화를 완성하세요.   150.mp3

A: _____ should we _____ _____ bottles?

B: Because we _____ _____ our environment.

139

51 | 정보 묻고 답하기

> Do you know anything about *bulgogi*?
>
> Yes, I do. It's a traditional Korean dish.

외국인 친구에게 불고기를 알고 있는지 묻고 있네요. 이처럼 어떤 정보를 알고 있는지 물을 때는 Do you know anything about ~?이라는 표현을 써요. 알고 있다면 Yes, I do.라고 답하고, 알고 있는 내용에 대해 말하면 돼요.

1 Listen and Speak 원어민의 음성을 잘 듣고 따라 말하세요. 151.mp3

A: Do you know anything about ___*bulgogi*___ ? 불고기에 대해 알고 있는 거 있니?

B: Yes, I do. It's a traditional ___Korean___ dish. 응. 그건 한국 전통 음식이야.

1 pho	2 dim sum	3 sushi
Vietnamese	Chinese	Japanese

4 risotto	5 curry	6 moussaka
Italian	Indian	Greek

참고 표현 어떤 것에 대해 모른다고 말할 때 쓰는 표현으로는 I have no idea. 또는 I don't know. 등이 있어요.

❶ 불고기에 대해 알고 있는 거 있니?

➡ Do you _____ anything about *bulgogi*?

🖉

❷ 응. 그건 한국 전통 음식이야.

➡ Yes, I do. It's a traditional _____ dish.

🖉

❸ 초밥에 대해 알고 있는 거 있니?

➡ Do you know anything _____ sushi?

🖉

❹ 그건 일본 전통 음식이야.

➡ It's a traditional _____ dish.

🖉

❺ 리소토에 대해 알고 있는 거 있니?

➡ Do you know anything about _____?

🖉

❻ 베트남 쌀국수에 대해 알고 있는 거 있니?

➡ Do you know _____ about pho?

🖉

Quiz 🔊 잘 듣고 빈칸을 채워 대화를 완성하세요. 153.mp3

A: Do you _____ anything _____ curry?

B: Yes, I _____. It's a _____ Indian _____.

52 장래희망 묻고 답하기

친구에게 장래희망을 물어볼 때는 What do you want to be?라고 해요. 대답은 I want to be 뒤에 직업을 나타내는 단어인 a chef, a dentist, an astronaut 등을 넣어서 답해요.

What do you want to be?

I want to be a singer.

1 Listen and Speak 원어민의 음성을 잘 듣고 따라 말하세요. 154.mp3

A : What do you want to be? 너는 무엇이 되고 싶니?

B : I want to be ___a singer___. 나는 가수가 되고 싶어.

1  a chef	2  a scientist	3  an astronaut
4  a magician	5  a dentist	6  a police officer

참고 표현 I like to ~.(나는 ~하는 것을 좋아해.)를 덧붙여서 그 직업을 가지고 싶은 이유를 말할 수 있어요.
• I want to be a chef. I like to make food. 나는 요리사가 되고 싶어. 나는 음식 만드는 것을 좋아해.
• I want to be a scientist. I like to make robots. 나는 과학자가 되고 싶어. 나는 로봇 만드는 것을 좋아해.

❶ 너는 무엇이 되고 싶니?
　 (너는 장래희망이 뭐야?)

➡ What do you _____ to be?

❷ 나는 가수가 되고 싶어.

➡ I want to be a _____.

❸ 나는 과학자가 되고 싶어.

➡ I want to be a _____.

❹ 나는 우주 비행사가 되고 싶어.

➡ I want to be an _____.

❺ 나는 경찰관이 되고 싶어.

➡ I want to be a _____ officer.

❻ 나는 요리사가 되고 싶어.

➡ I want to be a _____.

Quiz 잘 듣고 빈칸을 채워 대화를 완성하세요. 156.mp3

❶ A: _____ do you _____ to be?

　 B: I want to be a _____.

❷ A: What do you _____ to ____?

　 B: I _____ to be a

　　 _____.

Review Test

A 그림에 해당하는 알맞은 단어를 찾아 연결하세요.

1

zebra

dentist

kangaroo

scientist

astronaut

glass bottles

2

3

4

5

6

B 다음 대화를 완성하는 표현에 동그라미 하세요.

1

A : Do you know anything about dim sum?

B : Yes, I do. It's a [Greek | Chinese] dish.

2

A : [Why | Which] should we recycle metal cans?

B : Because we can save our environment.

3

A : Which is bigger?

B : A cat is bigger [than | to] a mouse.

4

A : What do you want to be?

B : I want to be [a chef | a police officer].

C 대화를 완성하는 알맞은 문장을 찾아 빈칸에 쓰세요.

ⓐ I want to be a magician.　ⓑ A giraffe is taller than a zebra.
ⓒ Yes, I do. It's an Italian dish.　ⓓ Because we can save our environment.

Do you know anything about risotto?

1

Why should we recycle plastic bottles?

2

What do you want to be?

3

Which is taller?

4

D 다음 우리말에 알맞은 문장을 완성하세요.

1 코끼리는 쥐보다 무거워요.　heavier　a mouse　An elephant　is　than　.

2 우리는 왜 종이를 재활용해야 하나요?　we　Why　recycle　should　paper　?

3 나는 우주비행사가 되고 싶어.　astronaut　I　to　be　an　want　.

단어목록 Word List

단어 확인은 필수!

A

active 활동적인

amazing 놀라운

amusement park 놀이공원

angry 화난, 성난

animal 동물

another 다른

anything 아무것, 무엇

apple 사과

April 4월

art 미술

ask 물어보다

astronaut 우주 비행사

August 8월

Australia 호주

B

bad 안 좋은, 나쁜

badminton 배드민턴

bake (음식을) 굽다

ball 공

banana 바나나

bank 은행

baseball 야구

basketball 농구

be worried about
~에 대해 걱정하다

be ~이다

bear 곰

beautiful 아름다운

because 왜냐하면

behind ~의 뒤에

Belgium 벨기에

big 큰

bigger 더 큰
(big의 비교급)

bike 자전거

birthday 생일

birthday party 생일 파티

block 블록, 구역

blue 파란색의; 파란색

book 책

bored 지루해 하는

boring 지루한, 재미없는

borrow 빌리다

bought 샀다
(buy의 과거형)

box 상자

boy 남자아이, 소년

Brazil 브라질

breakfast 아침 식사

broke 고장났다
(break의 과거형)

brother 오빠, 형, 남동생

brown 갈색의; 갈색

bulgogi 불고기

bus 버스

C

cake 케이크

call 전화하다, ~라고 부르다

camping 캠핑, 야영

can ~할 수 있다

Canada 캐나다

cap 모자

card 카드

cat 고양이

cell phone 휴대전화

chair 의자

chef 요리사

chess 체스

chicken salad 치킨 샐러드

China 중국

Chinese 중국의; 중국인

chop (토막으로) 썰다, 다지다

Christmas 크리스마스

church 교회

Chuseok 추석

clean 청소하다; 깨끗한

climb 오르다, 올라가다

clothes 옷

cloudy 날씨가 흐린, 구름이 잔뜩 낀

cold 감기; 추운

color 색, 색깔

colored paper 색종이

colored pencil 색연필

come in 들어오다

concert 콘서트, 연주회

congratulations 축하합니다

cook 요리하다; 요리사

cookie 쿠키, 과자

cooking 요리

corner 모퉁이, 모서리

costume party 변장 파티

crayon 크레용

curly 곱슬곱슬한

curry 카레

cute 귀여운

D

dance 춤을 추다; 춤

date (남녀 간의) 데이트

day 요일, 날

December 12월

deer 사슴

dentist 치과 의사

dim sum 딤섬

dimple 보조개

dinner 저녁 식사

dish 요리

dog 개

dollar 달러

door 문

dress 원피스, 옷

drink 마시다; 음료, 마실 것

E

earache 귓병

eat 먹다

election 선거

elephant 코끼리

English 영어

environment 환경

eraser 지우개

every 모든

every day 매일

excited 신이 난, 들뜬

exercise 운동하다; 운동

eye 눈

F

fantastic 기막히게 좋은, 환상적인

faster 더 빠른
(fast의 비교급)

father 아빠

favorite 매우 좋아하는

February 2월

fever 열

field trip 현장학습

fine 좋은, 훌륭한

fish and chips 피시앤드칩스
(흰살 생선 튀김과 감자튀김 요리)

fishing 낚시

foggy 안개가 낀

food 음식

food waste 음식 찌꺼기

France 프랑스

freckle 주근깨

French fries 감자튀김

Friday 금요일

from ~에서(부터)

fruit 과일

fry 기름에 튀기다

full 배가 부른, 가득찬

fun 재미있는, 즐거운

funny 재미있는, 웃기는

G

get some rest 쉬다

get up 일어나다

giraffe 기린

girl 여자아이, 소녀

glass bottle 유리병

go shopping 쇼핑하러 가다

go to bed 자다, 취침하다

go 가다

good 좋은, 즐거운

got 받았다 (get의 과거형)

grade 성적, 학점

grandfather 할아버지

grandmother 할머니

grandparents 조부모

great 정말 좋은, 엄청난

green 녹색의; 녹색

H

hair 머리카락, 머리털
Halloween 핼러윈
hamburger 햄버거
happy 행복한
have to ~ 해야 한다
have 가지고 있다
headache 두통, 머리가 아픔
heavier 더 무거운 (heavy의 비교급)
hello 안녕, 안녕하세요
help 도와주다
here 여기에(서)
hiking 하이킹, 도보 여행
history 역사
hold on (전화상으로 상대방에게 하는 말로) 기다려라
holiday 휴일, 휴가
Holland 네덜란드
home 집에; 집
homework 숙제
hospital 병원
house 집
how 어떻게
how much (값이) 얼마
how often 얼마나 자주
hungry 배고픈

I

ice cream 아이스크림
idea 아이디어, 생각

imaginative 상상력이 풍부한, 창의적인
in front of ~의 앞에
in ~안에
India 인도
Indian 인도의; 인도인
inline skating 인라인스케이팅
Italian 이탈리아의; 이탈리아인

J

jacket 재킷, 상의
Japanese 일본의; 일본인
jealous 질투하는, 시기하는
jogging 조깅
juice 주스
jump 뛰다, 점프하다

K

kangaroo 캥거루
kebab 케밥
kicked (발로) 찼다 (kick의 과거형)
kind 친절한, 상냥한
know 알다
Korean 한국의; 한국인

L

last night 어제저녁
late 늦은, 지각한
left 왼쪽으로; 왼쪽; 왼쪽의
leopard 표범

let's ~하자
letter 편지
library 도서관
like 좋아하다; ~와 같은
line (특정 번호의) 전화, 전화선
lion 사자
London 런던
long 긴
look like ~처럼 보이다
lost 잃어버렸다 (lose의 과거형)
lunch 점심 식사

M

made 만들었다 (make의 과거형)
magician 마술사
man 남자
mango 망고
math 수학
matter 문제, 일
May 5월
meat 고기
merry 즐거운, 명랑한
metal can 금속 캔
microwave (전자레인지에) 요리하다, 데우다
mine 나의 것
Monday 월요일
monkey 원숭이
month 달, 월
mother 엄마

mountain 산

mouse 쥐

moussaka 무사카 (얇게 썬 가지와 다진 고기를 켜켜이 놓고 맨 위에 치즈를 얹은 그리스 요리)

mouth 입

movie 영화

museum 박물관

music 음악

my 나의

N

name 이름

New York 뉴욕

new 새, 새로운

next to ~의 옆에

nice 멋진, 좋은

nose 코

notebook 공책, 노트

now 지금, 이제

number 숫자

O

o'clock ~시 (1시~12시까지의 정확한 시간)

October 10월

okay 괜찮은; 응, 좋아

older 더 나이 많은 (old의 비교급)

on time 제때에, 제시간에

on ~위에

once 한 번

onion ring 양파 튀김

opened 열었다 (open의 과거형)

orange 주황색의; 주황색, 오렌지

order 주문

our 우리의

P

paint (그림물감으로) 그리다

paintbrush 그림 그리는 붓

pajama party 파자마 파티 (10대 여자 아이들이 친구 집에 모여 밤새워 노는 파티)

palette 팔레트

paper 종이

peel 껍질을 벗기다

pen 펜

pencil 연필

pho 베트남 쌀국수

physical education(P.E.) 체육

piano 피아노

picnic 소풍, 피크닉

picture 사진, 그림

pineapple 파인애플

pink 분홍색의; 분홍색

pizza 피자

plastic bottle 플라스틱병

play (경기, 놀이를) 하다, 연주하다

play Go 바둑을 두다

please (무엇을 정중히 받아들일 때) 그렇게 해 주세요

police officer 경찰관

pool party 수영장 파티

post office 우체국

potato 감자

potluck party 포트럭 파티 (파티에 오는 사람들이 요리를 조금씩 가지고 오는 파티)

practice 연습하다

present 선물

presentation 발표, 프레젠테이션

pretty 예쁜, 귀여운

purple 보라색의; 보라색

Q

question 질문

R

rabbit 토끼

race 경주

raincoat 우비, 비옷

rainy 비가 많이 오는

read 읽다

really 아주, 정말

recycle 재활용하다

red 빨간색의; 빨간색

return 돌려주다, 반납하다

right 오른쪽으로; 오른쪽; 오른쪽의

risotto 리소토

roast (오븐 속이나 불 위에서) 굽다

robot 로봇

room 방

ruler 자

run 달리다, 뛰다

running 달리기

runny nose 콧물

S

sad 슬픈

sandwich 샌드위치

Saturday 토요일

save 보호하다

scared 무서워하는, 겁먹은

scary 무서운

school festival 학교 축제

school 학교

science 과학

scientist 과학자

scissors 가위

season 계절

see a doctor 병원에 가다, 진찰을 받다

see 보다

sent 보냈다 (send의 과거형)

seven 7, 일곱

shorter 더 짧은 (short의 비교급)

should ~ 하는 게 좋다

shout 소리 지르다

shy 수줍음을 많이 타는

sing 노래하다

singer 가수

sister 여동생, 언니, 누나

sit 앉다

skate 스케이트를 타다

sketchbook 스케치북

ski 스키를 타다

skiing 스키, 스키 타기

skirt 치마

slice (얇게) 썰다, 자르다

small 작은, 적은

smart 똑똑한, 영리한

snowy 눈 오는, 눈이 쌓인

so (이미 언급된 것을 다시 가리키는 말로) 그렇게

soccer game 축구 경기

soccer 축구

some 조금, 약간의

sore throat 인후염

sorry 미안해요; 유감스러운, 미안한

sound ~처럼 들리다; 소리

spaghetti 스파게티

Spain 스페인

speak 이야기하다

spell 철자를 말하다(쓰다)

stay up late 늦게까지 자지 않고 있다

steam 찌다

straight 똑바로, 곧장

strawberry 딸기

strong 힘센, 강한

stronger 더 힘센 (strong의 비교급)

study 공부하다; 공부

subject 과목

summer 여름

Sunday 일요일

sunny 화창한, 햇살이 내리쬐는

sure 그럼요; 확신하는

sushi 초밥

sweater 스웨터

swim 수영하다, 헤엄치다

swimming 수영

swimsuit 수영복

Switzerland 스위스

T

T-shirt 티셔츠

table 탁자, 테이블

table tennis 탁구

taekwondo 태권도

talent show 장기자랑

taller 키가 더 큰 (tall의 비교급)

tea party 티 파티, 다과회

ten 10, 열, 십

tennis 테니스

terrible 끔찍한

test 시험, 검사

textbook 교과서

than ~보다

Thanksgiving 추수 감사절

the U.S. 미국

think 생각하다

throw ~ away 버리다

Thursday 목요일

tiger 호랑이

time 시간, ~번

tire 타이어

today 오늘

tomorrow 내일

toothache 치통

touch 만지다

traditional 전통의

trash 쓰레기

trip 여행

try 해 보다, 노력하다

Tuesday 화요일

turn 돌다, 돌아서 가다

TV 텔레비전

twice 두 번

U

umbrella 우산

under ~아래에

usually 보통, 대개

V

vacation 방학

Valentine's Day 밸런타인데이

very 매우, 정말

Vietnamese 베트남의; 베트남인

visit 방문하다, 찾아가다

volleyball 배구

W

wait in line 줄을 서서 기다리다

wait 기다리다

walk 걷다, 걸어가다

wallet 지갑

want 원하다, 바라다

wash the dishes 설거지를 하다

watch 시계; 보다

watermelon 수박

wear a seat belt 안전띠를 매다

weather 날씨, 기상

Wednesday 수요일

week 주, 일주일

weekend 주말

welcome 환영하는; 환영하다

well 잘, 좋게

what 무엇

where 어디에, 어디로

who 누구

whose 누구의

why 왜

windy 바람이 (많이) 부는

woman 여자

worry 걱정하다

write 쓰다

wrong 잘못된, 틀린

wrote 썼다 (write의 과거형)

Y

year 해, 년

yellow 노란색의; 노란색

yesterday 어제

Z

zebra 얼룩말

zoo 동물원

1 ❶ I ❷ What ❸ My ❹ name ❺ meet ❻ you   p.13

Quiz 1. What's, name

2. name, My, Nice, meet

2 ❶ Who ❷ brother ❸ sister ❹ grandfather ❺ father ❻ mother   p.15

Quiz 1. Who, grandmother

2. this, This is, sister

3 ❶ Where ❷ Canada ❸ China ❹ Brazil ❺ from ❻ India   p.17

Quiz 1. Where, France

2. from, from Spain

4 ❶ How ❷ I'm ❸ Very ❹ bad ❺ Not ❻ you   p.19

Quiz 1. How, good

2. today, Not too

Review Test   pp.20~21

A 1. father   2. China   3. name
4. mother   5. Brazil   6. brother

B 1. What   2. Who   3. Where   4. How

C 1. ⓑ My name is Ben.   2. ⓒ I'm from the U.S.
3. ⓓ This is my grandmother.   4. ⓐ Very well.

D 1. How are you today?
2. This is my grandfather.
3. Where are you from?

5 ❶ weather ❷ It's ❸ cloudy ❹ windy ❺ rainy ❻ snowy   p.23

Quiz 1. How's, foggy

2. How's, weather, rainy

6 ❶ time ❷ It's ❸ nine ❹ twenty ❺ forty ❻ o'clock   p.25

Quiz 1. What, seven

2. forty-five

7 ❶ day ❷ Monday ❸ Tuesday ❹ Wednesday ❺ Thursday ❻ Sunday   p.27

Quiz 1. What, Saturday

2. What, today, Friday

8 ❶ When ❷ It's ❸ trip ❹ June ❺ February ❻ August   p.29

Quiz 1. When, August

2. When, Christmas, December

Review Test   pp.30~31

A 1. foggy   2. snowy
3. August   Wednesday   Saturday
4. windy   5. ten o'clock

B 1. What   2. What   3. When   4. How

C 1. ⓑ It's three thirty.
2. ⓐ It's cloudy.
3. ⓓ It's June 25. I can't wait.
4. ⓒ It's Saturday.

D 1. It is eight forty-five.
2. It is September 15.
3. How is the weather?

9 ❶ Are ❷ not ❸ excited ❹ angry ❺ scared ❻ happy   p.33

Quiz 1. excited, Yes

2. Are, scared, No, not

10 ❶ birthday ❷ Merry ❸ Year ❹ for ❺ Thank ❻ welcome   p.35

Quiz 1. Thank you

2. birthday, Thank, welcome

11 ❶ Do ❷ math ❸ history ❹ like ❺ do ❻ don't   p.37

Quiz 1. Do, don't

2. Do, like, Yes, do

12 ❶ want ❷ meat ❸ spaghetti ❹ Help ❺ please ❻ full   p.39

Quiz 1. Do, please

2. Do, want, thanks

Review Test   pp.40~41

A 1. excited   2. bored   3. math
4. art   5. pizza   6. sushi

B 1. hungry   2. Thank you.
3. music   4. meat

C 1. ©Yes, please.   2. ⓑHappy birthday!
    3. ⓓYes, I do. I love it.   4. ⓐYes, I am.

D 1. Are you scared?
    2. This is for you.
    3. Do you want some spaghetti?

13 ❶color ❷It's ❸red ❹blue ❺What   p.43
    ❻yellow
Quiz 1. What, purple
    2. color, pencil, It's orange

14 ❶Where ❷on ❸in ❹next ❺front   p.45
    ❻behind
Quiz 1. Where, under
    2. Where, in front of

15 ❶crayon ❷eraser ❸scissors   p.47
    ❹notebook ❺textbook ❻do
Quiz 1. Do, don't
    2. Do, have, Yes, do

16 ❶umbrella ❷mine ❸watch ❹cap   p.49
    ❺bike ❻wallet
Quiz 1. Is, isn't
    2. Is, cell phone, Yes, mine

Review Test   pp.50~51

A 1. ⓓ   2. ⓕ   3. ⓐ
    4. ©   5. ⓑ   6. ⓔ

B 1. on   2. green   3. ball   4. a textbook

C 1. ⓓYes, it is. It's mine.   2. ⓐYes, I do.
    3. ⓑIt's under the desk.   4. ©It's pink.

D 1. Do you have a crayon?
    2. What color is your pencil?
    3. It is in front of the box.

17 ❶doing ❷I'm ❸swimming ❹watching   p.53
    ❺What ❻studying
Quiz 1. doing, cleaning
    2. What, I'm singing

18 ❶Are ❷drinking ❸throwing ❹writing   p.55
    ❺eating ❻washing
Quiz 1. Are, am
    2. eating, No, not

19 ❶swim ❷cook ❸sing ❹jump ❺skate   p.57
    ❻can
Quiz 1. dance, can
    2. Can, skate, No, can't

20 ❶Let's ❷basketball ❸badminton   p.59
    ❹baseball ❺good ❻can't
Quiz 1. table tennis, Sorry
    2. Let's play, Sounds

Review Test   pp.60~61

A 1. cook   2. sing   3. ski
    4. basketball   5. table tennis   6. baseball

B 1. studying   2. jump   3. Are   4. Sorry

C 1. ©Okay. Sounds good.
    2. ⓓI'm cleaning my room.
    3. ⓑNo, I'm not.
    4. ⓐNo, I can't.

D 1. Are you waiting for a bus?
    2. Can you dance?
    3. Let's play volleyball.

21 ❶Don't ❷eat ❸here ❹shout ❺touch   p.63
    ❻late
Quiz 1. Don't, I'm
    2. Don't be, sorry

22 ❶Can ❷ask ❸try ❹borrow ❺Sure   p.65
    ❻can't
Quiz 1. Can, Sure
    2. sit, Sorry, can't

23 ❶Look ❷What ❸strong ❹boy ❺scary   p.67
    ❻house
Quiz 1. Look, What
    2. dog, What, cute

24 ❶favorite ❷season ❸What's ❹food   p.69
    ❺number ❻like
Quiz 1. What's, rabbit
    2. favorite fruit, is pineapple

Review Test   pp.70~71

A 1. strong   2. shout   3. touch
    4. rabbit   5. seven   6. pineapple

B 1. Don't   2. Can   3. What   4. What

C 1. ⓐ Sure.
   2. ⓒ I'm sorry.
   3. ⓓ My favorite animal is the hamster.
   4. ⓑ What a strong man!

D 1. My favorite food is hamburgers.
   2. Can I take a picture?
   3. What a scary cat!

25 ❶ do ❷ usually ❸ ride ❹ bake ❺ play   p.75
     ❻ go

Quiz 1. What, read
      2. on Sundays, usually play

26 ❶ look ❷ curly ❸ brown ❹ freckles   p.77
     ❺ dimples ❻ small

Quiz 1. What, has
      2. look like, brown eyes

27 ❶ like ❷ funny ❸ active ❹ shy ❺ smart   p.79
     ❻ imaginative

Quiz 1. What, active
      2. What, like, She, jealous

28 ❶ paintbrush ❷ Whose ❸ palette   p.81
     ❹ sketchbook ❺ crayon ❻ Tom's

Quiz 1. Whose, Tom's
      2. sketchbook, this, It's

Review Test   pp.82~83

A 1. kind   2. palette   3. freckles
   4. long   5. paintbrush   6. active

B 1. curly   2. do   3. smart   4. Jane's

C 1. ⓒ She has freckles.   2. ⓐ It's Anna's.
   3. ⓓ I usually bake cookies.   4. ⓑ He is very shy.

D 1. What does she look like?
   2. I usually go to the library.
   3. Whose colored paper is this?

29 ❶ bananas ❷ pineapples ❸ oranges   p.85
     ❹ watermelons ❺ there ❻ aren't

Quiz 1. Are, aren't
      2. apples, table, Yes, there

30 ❶ How ❷ much ❸ jacket ❹ raincoat   p.87
     ❺ swimsuit ❻ ten

Quiz 1. How much, ten

2. much, jacket, twenty

31 ❶ What ❷ want ❸ zoo ❹ museum   p.89
     ❺ shopping ❻ movie

Quiz 1. What, dog
      2. What, want, concert

32 ❶ worried ❷ about ❸ grades   p.91
     ❹ presentation ❺ soccer ❻ Don't

Quiz 1. worried, Don't
      2. worried, grades, fine

Review Test   pp.92~93

A 1. ⓕ   2. ⓒ   3. ⓓ
   4. ⓐ   5. ⓑ   6. ⓔ

B 1. raincoat   2. Are   3. concert   4. the race

C 1. ⓑ Yes, there are.
   2. ⓓ I want to go shopping.
   3. ⓐ Don't worry.
   4. ⓒ It's twenty dollars.

D 1. Are there bananas on the table?
   2. How much is this skirt?
   3. I want to go to a museum.

33 ❶ Can ❷ please ❸ Peel ❹ potatoes   p.95
     ❺ Steam ❻ Fry

Quiz 1. can, Microwave
      2. can, help, No, thanks

34 ❶ Excuse ❷ How ❸ straight ❹ Walk   p.97
     ❺ left ❻ Turn

Quiz Excuse, How, school, Walk, right

35 ❶ What ❷ week ❸ went ❹ hiking   p.99
     ❺ skiing ❻ fishing

Quiz What, last week, went hiking

36 ❶ How ❷ was ❸ holiday ❹ fun   p.101
     ❺ amazing ❻ boring

Quiz 1. How, good
      2. How, vacation, boring

Review Test   pp.102~103

A 1. post office   2. hospital   3. steam
   4. camping   5. hiking   6. skiing

B 1. help   2. fishing   3. How   4. terrible

C 1. © I went inline skating.
   2. @ It was really good.
   3. @ Yes, please. Microwave the potatoes for me.
   4. ⓑ Turn right at the corner. It's on your left.

D 1. Can I help you?
   2. How do I get to the post office?
   3. How was your weekend?

37 ❶ speak ❷ speaking ❸ not ❹ calling   p.105
   ❺ wrong ❻ Hold
   Quiz 1. speak, not, home
   2. Can, speak, Speaking

38 ❶ Swimming ❷ What ❸ Jogging   p.107
   ❹ Cooking ❺ think ❻ don't
   Quiz 1. Running, What, think, don't think

39 ❶ How ❷ do ❸ spell ❹ Australia   p.109
   ❺ France ❻ It's
   Quiz 1. How, spell
   2. do you, Australia

40 ❶ will ❷ I'll ❸ picnic ❹ movie   p.111
   ❺ practice ❻ climb
   Quiz what, do, go to, movie

Review Test   pp.112~113

A 1. Switzerland   2. jogging   3. France
   4. mountain   5. movie   6. picnic

B 1. speak   2. How   3. zoo   4. I think so.

C 1. ⓑ It's A-u-s-t-r-a-l-i-a.   2. © He's not at home.
   3. @ I'll go on a picnic.   4. @ I don't think so.

D 1. What do you think?
   2. You have the wrong number.
   3. I will climb a mountain.

41 ❶ have ❷ doctor ❸ wear ❹ return   p.117
   ❺ wait ❻ rest
   Quiz 1. have, clean, Okay
   2. see, doctor, Okay

42 ❶ party ❷ Can ❸ come ❹ potluck   p.119
   ❺ can ❻ can't
   Quiz Can, pool party, Sorry, can't

43 ❶ matter ❷ have ❸ throat ❹ toothache   p.121
   ❺ earache ❻ fever

Quiz 1. What's, have
   2. matter, toothache

44 ❶ order ❷ like ❸ sandwich ❹ kebab   p.123
   ❺ salad ❻ ready
   Quiz order, hamburger, onion, please

Review Test   pp.124~125

A 1. fever   2. clean   3. sandwich
   4. pool   5. toothache   6. cold

B 1. have   2. a sore throat
   3. Can   4. French fries

C 1. © Yes, I can.
   2. @ Okay.
   3. @ Yes, I'd like a chicken salad.
   4. ⓑ I have a runny nose.

D 1. What's the matter?
   2. Can you come to a potluck party?
   3. May I take your order?

45 ❶ What ❷ go ❸ lunch ❹ time ❺ o'clock   p.127
   ❻ bed
   Quiz What time, dinner, have

46 ❶ How ❷ exercise ❸ twice ❹ once   p.129
   ❺ times ❻ every
   Quiz 1. How, exercise, every weekend
   2. often, exercise, twice a month

47 ❶ Who ❷ opened ❸ played ❹ made   p.131
   ❺ sent ❻ did
   Quiz 1. Who, letter, did
   2. Who kicked, did

48 ❶ Why ❷ Because ❸ camera ❹ upset   p.133
   ❺ broke ❻ tired
   Quiz Why, sad, lost, cell phone

Review Test   pp.134~135

A 1. @   2. ⓑ   3. ⓔ
   4. @   5. ⓕ   6. ©

B 1. Why   2. What   3. once   4. Who

C 1. @ Because my brother broke my camera.
   2. © I have dinner at 7 o'clock.
   3. ⓑ I exercise every day.
   4. @ Sophia did.

D 1. How often do you exercise?
2. Who played the violin?
3. Why are you sad?

49 ❶Which ❷taller ❸than ❹monkey   p.137
❺heavier ❻faster

(Quiz) Which, older, bear, older than

50 ❶paper ❷should ❸recycle ❹cans   p.139
❺Because ❻tires

(Quiz) Why, recycle plastic, can save

51 ❶know ❷Korean ❸about ❹Japanese   p.141
❺risotto ❻anything

(Quiz) know, about, do, traditional, dish

52 ❶want ❷singer ❸scientist   p.143
❹astronaut ❺police ❻chef

(Quiz) 1. What, want, chef
2. want, be, want, dentist

Review Test   pp.144~145

A 1. kangaroo   2. zebra   3. glass bottles
4. dentist   5. astronaut   6. scientist

B 1. Chinese   2. Why   3. than   4. a police officer

C 1. ©Yes, I do. It's an Italian dish.
2. @Because we can save our environment.
3. @I want to be a magician.
4. ⓑA giraffe is taller than a zebra.

D 1. An elephant is heavier than a mouse.
2. Why should we recycle paper?
3. I want to be an astronaut.

3학년 단원 성취도 평가

1. ②   2. ⑤   3. X   4. O
5. (1) ③   (2) ②   (3) ①   6. ③
7. ①   8. ③   9. ⑤   10. ①
11. ④   12. ③   13. ④
14. want, thanks   15. ⑤
16. (1) Wednesday   (2) Thursday
17. (1) welcome   (2) Happy, Year
18. ②   19. ③   20. ②

21. hungry, not   22. ③
23. What is your name?
24. Nice to meet you.   25. ④

4학년 단원 성취도 평가

1. ⑤   2. ④   3. ⑤   4. ②   5. ⑤
6. ②   7. ②   8. ①   9. ④   10. ④
11. ③   12. ④   13. under   14. ④   15. ①
16. (1) basketball   (2) badminton
17. jump   18. shout   19. Where, is, on
20. color   21. ⑤   22. ②
23. take, a, picture   24. ⑤
25. What do you do on Sundays?

5학년 단원 성취도 평가

1. ⑤   2. ④   3. ②   4. ③   5. ①
6. ②   7. ⑤   8. ④   9. ⑤   10. ③
11. ③   12. ③   13. get, to, Turn, right
14. (1) 수영복   (2) 20달러
15. ②   16. ⑤   17. Can   18. ⑤
19. (1) ⓑ (2) @   20. ①
21. How, spell   22. What, think
23. ④   24. ⑤   25. ④

6학년 단원 성취도 평가

1. ⑤   2. ③   3. ②   4. ③   5. ①
6. ④   7. (1) X (2) O   8. ⑤   9. ④
10. ④   11. ③   12. should, Because
13. ⑤   14. (1) 요리사   (2) 가수   15. ①
16. (1) kicked   (2) wrote
17. A: What is the matter?
    B: I have a sore throat.
18. (1) ⓑ (2) @   19. Why   20. ⑤   21. ②
22. ④   23. ②   24. ⑤   25. ②

자세한 해설 및 스크립트는 길벗스쿨 e클래스 에서 다운
로드 하세요.

기적의 외국어 학습서

	기본서 (필수 학습)				특화서 (보완/강화 학습)			
유아 종합	만 2세 이상	만 3세 이상	만 5세 이상	만 5세 이상	3세 이상 전 12권	3세 이상 전 12권	3세 이상 전 12권	3세 이상
파닉스	만 6세 이상 전 3권	만 7세 이상 전 3권			1~3학년			
단어	출간 예정	3학년 이상 전 2권	5학년 이상 전 3권		1~3학년 전 2권			
읽기	7세~1학년 전 3권	2, 3학년 전 3권	4, 5학년 전 2권	6학년 이상 전 2권	1~3학년 전 3권			
영작	4학년 이상 전 5권	5학년 이상 전 2권			3학년 이상	 4, 5학년	 5, 6학년	5학년 이상
문법	2학년 이상 전 5권	4학년 이상 전 3권			3학년 이상 전 2권	6학년		
회화 듣기	출간 예정				3학년 이상 전 2권			

초등 필수 영어 무작정 따라하기

초등 영어 교육과정과 밀착된 필수학습을 한 권으로 총정리해 줍니다.

| 1학년 이상(출간 예정) | 1학년 이상(출간 예정) | 1학년 이상 | 1학년 이상 | 3학년 이상 |

미국교과서 READING

문제의 차이가 영어 실력의 차이, 통합사고 논픽션 프로그램

| 초등 초급 전 3권 | 초등 초중급 전 3권 | 초등 중급 전 3권 | 출간 예정 | 출간 예정 | 초등 중급 전 2권 | 초등 중급 전 2권 | 초등 중급 전 3권 |

흥미로운 콘텐츠의 학습서

액티비티가 풍부한 유아 워크북, 노래로 배우는 영어,
디즈니 대본으로 배우는 회화표현 등 재미가 가득한 유초등 영어 학습서

| 4세 이상 | 4세 이상 | 3세 이상 | 3세 이상 | 3세 이상 | 3세 이상 | 3세 이상 |

| 2학년 이상 | 3학년 이상 | 3학년 이상 | 3학년 이상 | 3학년 이상 | 3학년 이상 | 3학년 이상 | 3학년 이상 |

| 3학년 이상 | 3학년 이상 | 유아 전 5권 | 유아 |